"十二五"职业教育国家规划教材
经全国职业教育教材审定委员会审定

汽车维修技术

Qiche Weixiu Jishu

汽车类专业

主 编 唐天广

高等教育出版社·北京

内容简介

本书是"十二五"职业教育国家规划教材,依据教育部《中等职业学校汽车制造与检修专业教学标准》,并参照汽车制造和维修行业相关岗位的技能要求编写而成。

本书以自动挡轿车为主,并结合其他类型车辆,归纳了汽车在生产制造和维修中可能出现的各种故障及检修方法。主要内容有:汽车维修基本规范与故障诊断流程和方法、发动机异响故障的诊断与处理、发动机无法正常起动故障的诊断与处理、发动机运转不良故障的诊断与处理、发动机润滑和冷却不足故障的诊断与处理、汽车传动系统故障的诊断与处理、汽车转向系统故障的诊断与处理、汽车制动系统故障的诊断与处理、汽车行驶系统故障的诊断与处理、新车交付前的检验。

本书配有学习卡资源,请登录 Abook 网站 http://abook.hep.com.cn/sve 获取相关资源。详细说明见本书"郑重声明"页。

本书可作为中等职业学校汽车类专业教材,也可作为汽车制造和维修行业从业人员的岗位培训用书。

图书在版编目(C I P)数据

汽车维修技术 / 唐天广主编. --北京:高等教育
出版社,2021.11

汽车类专业

ISBN 978-7-04-057049-6

Ⅰ. ①汽… Ⅱ. ①唐… Ⅲ. ①汽车-车辆修理-中等

专业学校-教材 Ⅳ. ①U472.4

中国版本图书馆 CIP 数据核字(2021)第 190995 号

| 策划编辑 | 贺　玲 | 责任编辑 | 李新宇 | 封面设计 | 杨立新 | 版式设计 | 杜微言 |
| 责任校对 | 高　歌 | 责任印制 | 耿　轩 | | | | |

出版发行	高等教育出版社	网　　址	http://www.hep.edu.cn
社　　址	北京市西城区德外大街 4 号		http://www.hep.com.cn
邮政编码	100120	网上订购	http://www.hepmall.com.cn
印　　刷	河北信瑞彩印刷有限公司		http://www.hepmall.com
开　　本	889mm×1194mm　1/16		http://www.hepmall.cn
印　　张	13		
字　　数	270 千字	版　　次	2021 年 11 月第 1 版
购书热线	010-58581118	印　　次	2021 年 11 月第 1 次印刷
咨询电话	400-810-0598	定　　价	29.30 元

前　言

本书是"十二五"职业教育国家规划教材,依据教育部《中等职业学校汽车制造与检修专业教学标准》,并参照汽车制造和维修行业相关岗位的技能要求编写而成。

本书从汽车制造和维修行业的角度,归纳总结出汽车发动机和底盘系统在制造和维修过程中出现的一些典型故障,介绍了发动机异响,发动机起动困难,发动机冷却和润滑不足,汽车传动系统、转向系统、行驶系统和制动系统的故障诊断与处理,通过学习能判断整车或汽车总成的技术状况是否合格。若整车或总成技术状况不合格,能判断故障点,能通过检测查明故障原因,通过适当调整解决整车或总成装配方面的故障。

本书编写中体现如下特点:

1. 紧密贴合汽车制造和维修企业岗位,以实用为原则,将所有知识和技能项目化、任务化,引领学生完成一个典型工作任务的同时,掌握该岗位应该具有的知识和技能,有利于学生迅速适应汽车制造和维修企业的岗位要求。

2. 以连续图片的形式体现操作步骤和过程,并配以文字说明相关操作标准和技术要求,将知识性和趣味性融为一体,图文并茂,形象直观,利于学生学习。

3. 全书分为 10 个项目 26 个任务,项目中有完成该项目应具有的预备知识,任务中有完成该任务的关键知识和技能,为便于学生动手实操,在每个任务内都配有任务工单,学生在工单的引领下就可以完成相关操作,如果遇到问题可以查阅任务中的关键技能,便于学生自学,也便于教师教学。

本书总学时为 84 学时,建议学时分配见下表:

项目	内容	学时		
		合计	理论	实训
项目一	汽车维修基本规范与故障诊断流程和方法	4	2	2
项目二	发动机异响故障的诊断与处理	14	2	12
项目三	发动机无法正常起动故障的诊断与处理	8	2	6
项目四	发动机运转不良故障的诊断与处理	8	2	6

续表

项目	内容	学时		
		合计	理论	实训
项目五	发动机润滑和冷却不足故障的诊断与处理	8	2	6
项目六	汽车传动系统故障的诊断与处理	12	2	10
项目七	汽车转向系统故障的诊断与处理	8	2	6
项目八	汽车制动系统故障的诊断与处理	10	2	8
项目九	汽车行驶系统故障的诊断与处理	8	2	6
项目十	新车交付前的检验	4	2	2
	总计	84	20	64

本书配有学习卡资源,请登录 Abook 网站 http://abook. hep. com. cn/sve 获取相关资源,详细说明见本书"郑重声明"页。

本书由皖江职业教育中心学校唐天广担任主编,皖江职业教育中心学校孙五一担任副主编。王文庆编写项目一和项目六中的任务4,高翔云和胡志强编写项目四,张林编写项目五和项目十,胡志强编写项目三,孙五一编写项目二,陈同编写项目六中的任务3、任务5,唐天广编写项目六中的任务1、任务2和项目七、项目八、项目九。全书由唐天广统稿。

由于编者的水平所限,书中难免有不足之处,敬请读者批评指正(读者意见反馈邮箱:zz_dzyj@ pub. hep. cn)。

编　者
2021 年 5 月

目　录

汽车维修基本规范与故障诊断流程和方法

本项目简要介绍汽车故障诊断与排除应遵循的原则、汽车故障诊断的方法和流程、汽车维修操作规范及国家标准规定的汽车维修术语等。

一、汽车故障诊断与排除应遵循的原则

汽车故障诊断与排除应遵循的原则可概括为以下五个方面：

（1）先外后内　汽车出现故障时，先对外围能直接看到的部位进行检查，若未查出故障，再逐渐向内部进行检查排除。

（2）先简后繁　先检查能以简单方法检查的可能故障部位。若直观检查未找出故障，再借助于仪器、仪表或其他专用工具进行检查。

（3）先熟后生　先对那些常见故障部位进行检查，若未找出故障，再对其他不常见的可能故障部位予以检查，这样做往往可以迅速地找到故障，省时省力。

（4）先思后行　对汽车的故障现象先进行分析，在了解可能故障原因的基础上再进行检查，这样可避免故障检查的盲目性。

（5）先备后用　先备后用是指在检修车辆时，应准备维修车型的有关检修数据资料，作为日后检修同类型车辆的检测比较参数，这会给系统的故障诊断带来极大的方便。

二、汽车故障诊断的方法

1. 观察法

观察法是汽车维修人员按照汽车使用者指出的故障发生的部位仔细观察故障现象，而后对故障做出判断，这是一种应用最多的，也是最基本、最有效的故障诊断方法。

2. 听觉法

用听觉诊断汽车和发动机故障是常用且简便的方法。汽车出现故障送修时，汽车维修人员往往在停车状态下起动发动机让其以不同的转速运转，以听觉检查和诊断发动机的故障。对于底盘和传动系的故障，往往采用路试的方法，让汽车以不同工况行驶，来检查和听诊汽车

故障。对于发动机的疑难故障,还可以借助于听诊器和简单的器具进行听诊。

3. 试验法

试验法是诊断汽车和发动机故障的常用方法之一。可用试验法在汽车不解体或少解体的情况下检查汽车和发动机的功能,以达到诊断故障的目的。所谓试验,就是以试验来验证,以协助判断。

4. 触摸法

人体的各个部位都是灵敏的感觉器官,可凭感觉来诊断汽车和发动机故障,就像中医切脉一样,以汽车传到人体上的感觉来判断汽车是否发生故障。如用手摸一摸制动鼓,试一试制动鼓的温度,判断制动鼓是否拖滞。

5. 分段检查法

分段检查法是汽车维修人员按照汽车上的线路、管路和带有系统性质的检查,可以按照从动力源到执行机构路线的次序查找,也可以按照从后到前的顺序查找,还可以从中间查找,这要根据检查者的经验,逐步找到故障。

6. 局部拆装法

已经判明故障发生在某个总成上,但一时还不能准确判断具体是哪个部位的时候,可以按照总成的工作原理局部拆掉某一部分进行检查,然后再装复的故障诊断方法。

三、汽车故障诊断流程

汽车故障诊断流程图(图1-1)是根据汽车故障现象的特征和技术状态之间的逻辑关系,反映汽车故障诊断综合分析、逻辑推理和判断思路,描述汽车故障诊断操作顺序和具体方法,从原始故障现象到具体故障部位和原因的顺序框图。

四、汽车维修操作规范

1. 总成解体操作规范

(1)车辆解体前必须放出制动液、发动机冷却液、润滑油等。

(2)解体时,必须按规定顺序进行,一般是先外部后内部,先附件后主机。

(3)解体时应正确选用工具,该用专用工具拆卸的必须使用专用工具。

(4)零件的基准面及精加工表面,不得敲击和碰撞。

(5)有精度要求的配合件、不能互换的零部件和有装配规定或有平衡块的零部件,如无配合标记的要补做标记。

(6)遇有部件锈蚀不易拆卸时,可用煤油等浸润或适当加热后再进行分解。

(7)拆卸后的零部件应分门别类摆放,不得相互碰撞和重压,避免零件变形和损伤。

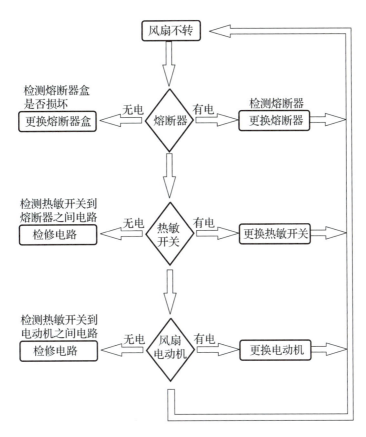

图 1-1　电动风扇不转动的故障诊断流程

2. 零件清洗操作规范

总成解体后,所有零件必须彻底清除尘土、油污、积炭、结胶、水垢,并进行除锈、脱旧漆及防锈工作。具体操作要求如下:

（1）对橡胶、胶木、塑料、铝合金、锌合金零件及牛皮油封、制动蹄摩擦片和离合器摩擦片等,不可用碱溶液清洗。橡胶类、油封类可用酒精清洁;皮质零件可用干布擦净。

（2）对预润滑轴承、含油粉末冶金轴承以及液压制动主缸、轮缸油封等橡胶件,不允许浸泡在易使其变质的溶液和油中清洗。

（3）制动蹄摩擦片及离合器摩擦片等,可用汽油刷洗。

（4）各种油管、水管、气管等应无凹瘪、破损和渗漏,并确保清洁畅通。

（5）零件清洗要彻底,不应有残存的油脂凝块和油、水污渍。

（6）清洗后的零部件注意分类摆放和保存,便于检验。

3. 汽车零件检验操作规范

总成解体清洗后,检验时根据零件的精度,选择合适的量具和仪器,对零部件进行检验并分类(可用、需修、不可用)。具体操作要求如下:

（1）对主要旋转零件或组合件,如飞轮、离合器盘、曲轴、传动轴等,必须进行静平衡或动平衡试验。

（2）对有密封性要求的零件或组合件,如气缸盖、气缸体、散热器、储气筒以及制动阀、泵、气室等,应进行液压或气压试验。

（3）对主要零件及有关安全的零部件,如曲轴、连杆、凸轮轴、转向节、传动轴、半轴、半轴套管、桥壳或轴颈等轴类及壳体类零部件,必须做探伤检查。

（4）对基础件及主要零件,如气缸盖、气缸体等,必须检验其配合部位和主要部位(特别是装配基准面)的几何尺寸、形状误差、位置误差等。

（5）各零部件必须经检验合格后方可装配。

4. 汽车零件装配操作规范

零件必须经检验合格方可安装。其操作要求如下:

（1）零件在装配前应进行清洗(特别是润滑油道)并用压缩空气吹干。

（2）零件加工表面不得有毛刺,否则应予修整。

（3）主要螺栓应高出螺母 2~3 牙,一般螺栓不得低于螺母。

（4）对有扭紧力矩要求的螺栓(或螺母)必须使用扭力扳手并按规定次序和扭矩分 2 或 3 次拧紧。

（5）凡是规定使用垫圈、开口销、锁片的部位,必须按规定装备齐全,不得错装和漏装。

（6）凡规定需用专用工具装配的零部件,必须使用专用工具。

（7）凡规定加注机油、齿轮油、水、制动液等部位,必须按规定的种类、牌号和容量加注,各润滑油嘴必须安装齐全,并加足润滑油脂。

五、《汽车维修术语》GB/T 5624—2005

（一）范围

本标准规定了汽车维修领域中专用的或常用的术语及其定义。本标准适用于汽车维修及相关领域。

（二）术语和定义

1. 一般概念

1）汽车维修　汽车维护和修理的泛称。

2）汽车维修性　汽车对按技术文件规定所进行的维修的适应能力。

3）汽车技术状况　定量测得的表征某一时刻汽车外观和性能的参数值的总合。

4）汽车耗损　汽车各种损坏和磨损现象的总称。

5）汽车检测　确定汽车技术状况或工作能力的检查。

6）汽车诊断　在不解体(或仅卸下个别零件)的条件下,确定汽车技术状况,查明故障部位及原因的检查。

2. 汽车技术状况

1）汽车完好技术状况　汽车完全符合技术文件规定要求的状况。

2）汽车不良技术状况　汽车不符合技术文件规定的任一要求的状况。

3）汽车工作能力　汽车按技术文件规定的使用性能指标,执行规定功能的能力。

4）汽车技术状况参数　评价汽车外观和性能的物理量和化学量。

5）汽车极限技术状况　汽车技术状况参数达到了技术文件规定的极限值的状况。

6）汽车技术状况变化规律　汽车技术状况与行驶里程或时间的关系。

3. 汽车维修

1）汽车维护(汽车保养)　为维持汽车完好技术状况或工作能力而进行的作业。

(1)汽车维护作业　汽车维护工艺中的技术操作。

(2)汽车维护规范　对汽车维护作业技术要求的规定。

(3)汽车维护类别　汽车维护按汽车运行间隔期、维护作业内容或运行条件等划分的不同类别或等级。

注:间隔期是指汽车运行的行程间隔或时间间隔。

① 日常维护　以清洁、补给和安全性能检视为中心内容的维护作业。

② 定期维护　按技术文件规定的运行间隔期实施的维护。

Ⅰ．一级维护　除日常维护作业外,以润滑、紧固为作业中心内容,并检查有关制动、操纵等系统中的安全部件的维护作业。

Ⅱ．二级维护　除一级维护作业外,以检查、调整制动系、转向操纵系、悬架等安全部件,并拆检轮胎,进行轮胎换位,检查调整发动机工作状况和汽车排放相关系统等为主的维护作业。

③ 季节性维护　为使汽车适应季节变化而实施的维护。

④ 走合维护　汽车在走合期满实施的维护。

(4)汽车维护方法　进行汽车维护作业的工艺和组织规则的总合。

① 汽车维护流水作业法　汽车在维护生产线的各个工位上按确定的工艺顺序和节拍进行作业的方法。

② 汽车维护定位作业法　汽车在全能工位上进行维护作业的方法。

(5)汽车维护设备　完成汽车维护作业的器械。

(6)汽车维护生产纲领　汽车维护企业的年设计生产能力。

(7)汽车维护周期　汽车进行同级维护之间的间隔期。

(8)I/M制度　为维持和恢复汽车固有的排放性能而建立的定期强制检查、维修排放系统的法规体系。

2）汽车修理　为恢复汽车完好技术状况(或工作能力)和寿命而进行的作业。

（1）汽车修理作业　汽车修理工艺中的技术操作。

（2）汽车修理规范　对汽车修理作业技术要求的规定。

（3）汽车修理类别　按汽车修理时的作业对象、作业深度、执行作业的方式或组织形式等划分的不同修理等级。

① 汽车大修　通过修复或更换汽车零部件(包括基础件),恢复汽车完好技术状况和完全(或接近完全)恢复汽车寿命的修理。

② 汽车小修　通过修理或更换个别零件,消除车辆在运行过程或维护过程中发生或发现的故障或隐患,恢复汽车工作能力的作业。

③ 总成修理　为恢复汽车总成完好技术状况(或工作能力)和寿命而进行的作业。

Ⅰ．发动机检修　通过检测、试验、调整、清洁、修理或更换某些零部件,恢复发动机性能(动力性、经济性、运转平稳性、排放水平等)的作业。

Ⅱ．发动机大修　通过修理或更换零件,恢复发动机完好技术状况和完全恢复发动机寿命的修理。

Ⅲ．发动机再造　工业化、商品性(化)的发动机大修。再造的发动机以商品形式进入流通领域。

④ 零件修理　恢复汽车零件性能和寿命的作业。

⑤ 视情修理　按技术文件规定对汽车技术状况进行检测或诊断后,决定作业内容和实施时间的修理。

（4）检视　主要凭感官或使用简单的工具,对汽车、总成及零部件的技术状况所实施的检查。

（5）技术检验　按规定的技术要求确定汽车、总成及零部件技术状况所实施的检查。

（6）零件检验分类　根据修理技术条件,将零件按技术状况分为可用、可修和报废。

（7）走合　汽车运行初期,改善零件摩擦表面几何形状和表面层物理力学性能的过程。

（8）磨合　汽车总成或机构组装后,改善零件摩擦表面几何形状和表面层物理力学性能的运转过程。

① 冷磨合　由外部动力驱动总成或机构的磨合。

② 热磨合　发动机自行运转的磨合。

（9）修理尺寸　零件磨损表面通过修理,形成符合技术文件规定的大于或小于原设计基本尺寸的修复基本尺寸。

（10）极限间隙　达到技术文件规定的极限状况的配合副间隙值。

（11）允许间隙　小于极限间隙,尚能保持技术文件规定的工作能力,并受经济因素制约的配合副间隙值。

（12）汽车修理方法　进行汽车修理作业的工艺和组织规则的总合。

① 汽车修理流水作业法　汽车在修理生产线的各个工位上按确定的工艺顺序和节拍进行作业的方法。

② 汽车修理定位作业法　汽车在全能工位上进行修理作业的方法。

③ 总成互换修理法　用储备的完好总成替换汽车上的不可用总成的修理方法。

④ 周转总成　预先储备的汽车总成,用来替换维修中不可用的总成。

⑤ 混装修理法　进行修理作业时,不要求被修复零件和总成装回原车的修理方法。

⑥ 就车修理法　进行修理作业时,要求被修复的主要零件和总成装回原车的修理方法。

（13）汽车修理设备　完成汽车修理作业的器械。

（14）汽车修理指标　综合反映汽车修理行业总体数量特征的概念和数值。

① 汽车修理生产纲领　汽车修理企业的年设计生产能力。

② 汽车大修返修率　报告期内,大修汽车回厂返修辆次与大修出厂汽车总数的比值。

③ 汽车小修频率　报告期内,单位行程的汽车小修辆次。

④ 汽车大修间隔里程　新汽车或大修修竣汽车从投入使用到需大修时的行驶里程。

（15）汽车维修企业　从事汽车维护和修理生产的经济实体。

（16）汽车维修网点　汽车维修企业的布局。

（17）汽车维修工具　汽车维修作业的手工器具。

4. 汽车耗损

1）汽车零件磨损　汽车零件工作表面的物质,由于相对运动不断损耗的现象。

（1）磨损过程　相对运动零件的表面物质不断损耗的过程。

（2）正常磨损　汽车零件磨损率在设计允许或技术文件规定的范围内。

（3）异常磨损　汽车零件磨损率超出设计允许或技术文件规定的范围。

（4）极限磨损　导致配合副进入极限状况,又不能保持技术文件规定的工作能力的汽车零件磨损量。

（5）允许磨损　小于极限磨损,尚能保持技术文件规定的工作能力,并受经济因素制约的汽车零件磨损量。

（6）磨损率　磨损量与产生磨损的行程或时间之比。

（7）擦伤　摩擦表面沿滑动方向形成细小擦痕的现象。

（8）刮伤　摩擦表面沿滑动方向形成宽而深的刮痕的现象。

（9）点蚀　摩擦表面材料由于疲劳脱落,在摩擦表面形成凹坑的现象。

（10）黏附　两摩擦表面由于分子作用导致局部吸附的现象。

（11）咬黏　两摩擦表面因黏附和材料转移发生损坏,进而导致相对运动中止的现象。

（12）烧伤　在氧化介质中的滑动接触表面因局部受热而氧化的现象。

（13）穴蚀　相对于液体运动的固体表面,因气泡破裂产生局部冲击高压或局部高温所引起的表面凹坑的现象。

2）老化　汽车零件材料的性能随使用时间的增长而逐渐衰退的现象。

3）疲劳　汽车零件在较长时间内由于交变载荷的作用,性能变差,甚至产生断裂的现象。

4）变形　汽车零件在使用过程中零件要素的形状和位置发生变化而不能自行恢复的现象。

5）缺陷　汽车零件任一参数不符合技术文件要求的状况。

6）损伤　在超过技术文件规定的外因作用下,使汽车或其零件的完好技术状况遭到破坏的现象。

5. 汽车检测

1）汽车检测参数　检测用的汽车技术状况参数。

（1）汽车动力性检测参数　检测用的汽车动力系统技术状况参数。

（2）汽车安全性检测参数　检测用的有关汽车运行安全的系统、机构技术状况参数。

（3）汽车燃油经济性检测参数　检测用的有关汽车运行燃油消耗的系统、机构技术状况参数。

（4）汽车排放性能检测参数　检测用的有关汽车排放系统、装置的技术状况参数。

2）汽车检测作业　汽车检测过程中的技术操作。

3）汽车检测技术规范　对汽车检测作业技术要求的规定。

4）汽车检测站　从事汽车检测作业的企业。

5）汽车检测设备　完成汽车检测作业的器械。

6. 汽车诊断

1）汽车诊断参数　诊断用的汽车、总成、机构及部件的技术状况参数。

2）汽车诊断作业　汽车诊断过程中的技术操作。

3）汽车诊断技术规范　对汽车诊断作业技术要求的规定。

4）汽车故障　汽车部分或完全失去工作能力的现象。

（1）完全故障　汽车完全丧失工作能力,不能行驶的故障。

（2）局部故障　汽车部分丧失工作能力,即降低了使用性能的故障。

（3）致命故障　导致汽车或总成重大损坏的故障。

（4）严重故障　汽车运行中无法排除的完全故障。

（5）一般故障　汽车运行中能及时排除的故障或不能排除的局部故障。

（6）异响　汽车总成或机构在工作中产生的超过技术文件规定的不正常响声。

（7）泄漏　汽车上的密封部位漏气(液)量超过技术文件规定的现象。

（8）过热　汽车总成或机构的工作温度超过技术文件规定的现象。

（9）失控　汽车总成或机构工作时,出现操纵失灵、无法控制的现象。

（10）乏力　汽车运行过程中,动力明显不足的现象。

（11）污染超标　汽车运行过程中产生的有害排放物和噪声超过技术法规或标准规定的现象。

（12）费油　汽车燃料、润滑油(脂)消耗超过技术文件规定的现象。

（13）振抖　汽车工作中产生技术文件所不允许的自身抖动的现象。

（14）故障率　使用到某行程的汽车,在该行程后单位行程内发生故障的概率。

注:汽车故障率是用以表示汽车总体可靠性的数量指标,它是一个表示汽车发生故障概率的瞬时变化率的指标。

（15）故障树　表示故障因果关系的逻辑分析图。

（16）故障码(故障代码)　汽车诊断中用以显示故障特征的数字符号。

5）随车诊断(车载诊断　在板诊断)　汽车电控系统的自诊断系统,具有实时监视、储存故障码及交互式通信功能。

6）第二代随车诊断标准　汽车自诊断系统故障代码、通信方式和软硬件结构等的统一规定,侧重对汽车排放相关系统诊断要求的规范和统一。

7）汽车诊断设备　完成汽车诊断作业的器械。

项目二
发动机异响故障的诊断与处理

项目概述

　　汽车在组装车间下线时,调试员要起动发动机并对发动机工作情况进行检查,其中一项基本检查就是倾听发动机是否在工作时产生了异常的噪声,如果有异常噪声,调试员初步检查并判断这个噪声是产生于发动机内部还是发动机的外部,并将自己的检查与判断填写报告单交给整改车间进行处理。

　　本项目通过几个常见的发动机外部及内部异响故障的检查,了解发动机外部异响故障产生的原因,学习发动机异响检查及处理的方法。

项目目标

知识目标	1. 了解声音和振动的概念、特征和表示方法。 2. 知道声音和振动之间的关系。
技能目标	1. 会检查发动机安装隔振垫。 2. 会检查传动带及传动带驱动装置。 3. 会检查风扇及散热器装置。 4. 会检查进气装置、排气装置。 5. 会检查发动机气门噪声。
能力目标	1. 能依据任务工单独立完成工作任务。 2. 通过反复学习,形成处理类似问题的能力。

项目教学资源

　　教学整车1或2辆,传动带张紧力计、听诊器若干,举升机(双柱式或剪式)1或2台,世达工具78件套。

项目预备知识

发动机工作时有异常的"吱吱"声,这些噪声虽不一定影响发动机的工作,但会使车主产生不安的情绪,在汽车下线时应特别注意噪声是否超出正常范围,若噪声明显超出正常范围,调试人员应查找原因,通过调整加以解决,不能解决的要交给整改车间做进一步的检查。

任何噪声都与振动有关,对噪声的检查必须准确找到振动源,或找出振动传递的路线,通过减小振动或切断振动传递的方法减小噪声。

图 2-1　发动机振动产生噪声

1. 声音与振动

如图 2-1 所示,发动机工作时很多零件的运动会产生振动,而振动经过放大、传递并引起空气的振动后,人的耳朵就感知到了声音,因此,发动机工作时有一定的声音是不可避免的,从这个方面来说,噪声产生的原因是因为有振动,虽然不是所有的振动都会产生噪声,但理解振动与声音的关系,对理解并判断发动机噪声是非常重要的。

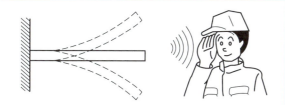

图 2-2　空气的振动与声音

2. 声音与振动的描述

如图 2-2 所示,声音是由于空气的振动引起的,因此,声音与振动都是用波来描述,即用振幅和频率表示其特性。

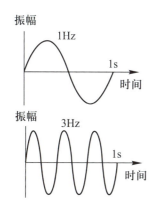

图 2-3　振动与声音的描述

3. 声音与振动的描述
振动的振幅越大,声音就越大或越响。

振动的频率越大,声音的音调就越高。

如图 2-3 所示:

振幅——表示振动的幅度大小;

频率——表示振动的快慢。

4. 声音与振动的感知
对普通人来说,声音与振动的感知关系如下:

20 Hz 以下的波——只能感知振动;

20~200 Hz——感知到振动和声音;

200~20 kHz——只能感知到声音;

超过 20 kHz——人耳听不到,即超声波。

小结：

关于振动的术语：

振动：一个物体的向上与向下运动，如车身的下压与反弹。

振幅：摆动物体到其静止位置的最大距离，如振动位移、弹簧行程。

周期：一个信号的持续时间，即一次振动的时间。

频率：每秒振动（周期）次数，一秒振动一次即为 1 Hz（赫兹）。

固有频率：物体自由振动的频率。

谐振：发生谐振时，一个可振动的系统只需要最小的刺激就可达到最大振幅（当振动频率与固有频率相同时）。

减振：振动衰减的过程。

任务 1　发动机悬置异响的检查

任务描述

新车下线后，试车员起动发动机并打开发动机舱盖，观察发动机的抖动情况，发现发动机抖动现象明显，且在发动机前后部均有一些低频噪声。

任务目标

会排除发动机抖动的故障，或找到引起发动机抖动和噪声故障的问题部件。

完成任务的关键知识

发动机安装隔振垫的类型与结构：

发动机抖动除了工作不良以外，主要是由发动机悬置安装不当或损坏所致。发动机悬置，也称为发动机的安装隔振垫，它安装在发动机与车身之间，作用是发动机的固定、减振。根据安装位置及减振要求的不同，常采用的有以下几种类型：

（1）压缩型安装隔振垫。减振橡胶热熔在两块钢板之间，中间有穿心螺栓。属于传统型的减振装置，常在垂直位置安装，特点是结构简单，能吸收垂直方向的振动（图 2-4）。

（2）剪切型安装隔振垫。与压缩型安装隔振垫的不同在于减振橡胶内有钢板，常在斜面位置安装，结构简单，能吸收横向的振动（图 2-5）。

（3）圆筒型安装隔振垫。减振橡胶热熔在钢制圆筒内，中心设有安装螺栓钢套，圆筒焊接在底座上，安装隔振垫通过底座固定在车身上，发动机安装支架通过穿心螺栓安装在中心的螺栓钢套内,特点是结构简单,能吸收各个方向的振动(图 2-6)。

(4)开槽式圆筒型安装隔振垫。与圆筒型不同之处是在隔振橡胶上开槽,有助于切断发动机振动的传递,改善减振效果(图 2-7)。发动机支架通过螺栓安装在橡胶隔振垫的中心孔中。橡胶隔振垫的外金属圆筒支架通过螺栓安装在车身上。

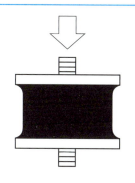

图 2-4　压缩型安装隔振垫

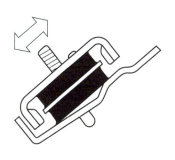

图 2-5　剪切型安装隔振垫

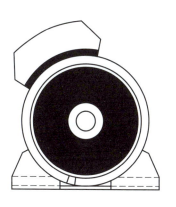

图 2-6　圆筒型安装隔振垫

图 2-7　开槽式圆筒型安装隔振垫

当隔振橡胶损坏以及安装螺栓松动或安装隔离橡胶开裂或破损时,发动机的振动会加剧,会引起发动机工作时抖动,并产生噪声。

完成任务的技能与流程

1. 工量具准备

如图 2-8 所示,预置扭矩式扭力扳手的特点是使用前设置扭矩值,在拧紧螺栓达到设置扭矩时,棘轮会发出响声。

图 2-8　预置扭矩式扭力扳手

2. 由发动机悬置安装不当引起抖动故障的处理

（1）观察发动机安装隔振垫的安装位置与数量，如图2-9所示。

- 发动机工作时有一定的振动是不可避免的，这种振动传递到车身上会引起人的不愉快，因此，发动机需装有安装隔振垫。

- 安装隔振垫的主要作用是切断发动机振动的传递。

- 安装隔振垫大多数采用四点安装，即发动机前后左右各有一个安装隔振垫。

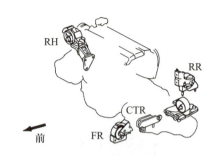

图 2-9　发动机安装隔振垫安装位置和数量

（2）检查发动机前安装隔振垫的安装情况，如图2-10所示。

- 发动机前安装隔振垫安装在副车架上，一般采用开槽式圆筒型安装隔振垫，可吸收各方向的振动。

- 发动机安装隔振垫橡胶损坏会加剧发动机工作时的振动。

图 2-10　检查发动机前安装隔振垫

（3）检查发动机前安装隔振垫螺栓的扭紧力矩，如图2-11所示。

- 使用扭力扳手检查。

- 扭紧力矩以原厂技术标准为准。

轿车通常为：

穿心螺栓：145 N·m；

安装座螺栓：95 N·m。

图 2-11　检查发动机前安装隔振垫螺栓扭紧力矩

（4）检查发动机左侧安装隔振垫的安装情况，如图2-12所示。

- 发动机左侧安装隔振垫直接安装在车身的左前纵梁上，一般采用开槽式圆筒型安装隔振垫——在隔离橡胶上开槽，可吸收各方向上的振动。

- 发动机安装隔振垫橡胶损坏会加剧发动机工作时的振动。

图 2-12　检查发动机左侧安装隔振垫

续表

（5）检查发动机左侧安装隔振垫螺栓的扭紧力矩，如图 2-13 所示。

- 使用扭力扳手检查。
- 扭紧力矩以原厂技术标准为准。

轿车通常为 56 N·m。

图 2-13 检查发动机左侧安装隔振垫螺栓扭紧力矩

（6）检查发动机左侧安装隔振垫支架螺栓的扭紧力矩，如图 2-14 所示。

- 使用扭力扳手检查。
- 扭紧力矩以原厂技术标准为准。

轿车通常为 95 N·m。

图 2-14 检查发动机左侧安装隔振垫支架螺栓扭紧力矩

（7）检查发动机右侧安装隔振垫的安装情况，如图 2-15 所示。

- 发动机右侧安装隔振垫直接安装在车身的右前纵梁上，一般采用压缩型安装隔振垫——吸收垂直方向振动的效果好。
- 检查安装隔振垫橡胶件是否有损坏情况。

图 2-15 检查发动机右侧安装隔振垫

（8）检查发动机右侧安装隔振垫支架螺栓的扭紧力矩，如图 2-16 所示。

- 使用扭力扳手检查。
- 扭紧力矩以原厂技术标准为准，可查阅相应车型维修手册获知。

图 2-16 检查发动机右侧安装隔振垫支架螺栓扭紧力矩

（9）检查发动机后安装隔振垫的安装情况，如图 2-17 所示。

- 发动机后安装隔振垫安装在副车架上，一般采用开槽式圆筒型安装隔振垫，可吸收各方向上的振动。
- 检查安装隔振垫橡胶件是否有损坏情况。
- 螺栓扭紧力矩：95 N·m。

图 2-17 检查发动机后安装隔振垫

续表

（10）若发动机安装隔振垫安装状况没有问题，则拆下发动机安装隔振垫，检查有无损坏，如图2-18所示。

图2-18　检查开槽式圆筒型安装隔振垫

任务工单

发动机悬置异响的检查工作单

班级：_____　姓名：_____

序号	作业项目内容	作业标准记录	作业维修记录
1	发动机类型	柴油机□　汽油机□ V形□　　直列式□ 4缸□　　6缸□　其他_____	
2	发动机悬置的安装位置检查	发动机悬置数量：3个□　4个□	
3	检查发动机前安装隔振垫的安装情况	圆筒型□　开槽式圆筒型□ 安装隔振垫橡胶件是否有损坏： 正常□　不正常□	更换安装隔振垫□
4	检查安装螺栓的扭紧力矩	完成□　未完成□ 扭矩：_____ N·m	
5	检查发动机左侧安装隔振垫的安装情况	圆筒型□　开槽式圆筒型□ 安装隔振垫橡胶件是否损坏： 正常□　不正常□	更换安装隔振垫□
6	检查发动机左侧安装隔振垫螺栓的扭紧力矩	完成□　未完成□ 扭矩：_____ N·m	
7	检查发动机左侧安装隔振垫支架螺栓的扭紧力矩	完成□　未完成□ 扭矩：_____ N·m	

续表

序号	作业项目内容	作业标准记录		作业维修记录
8	检查发动机右侧安装隔振垫的安装情况	圆筒型□　压缩型□		
		完成□　未完成□ 扭矩：＿＿＿＿＿N·m		
9	检查发动机右侧安装隔振垫支架螺栓的扭紧力矩	完成□　未完成□ 扭矩：＿＿＿＿＿N·m		
10	检查发动机后安装隔振垫的安装情况	圆筒型□　压缩型□		更换安装隔振垫□
		安装隔振垫橡胶件是否损坏： 正常□　不正常□		
		安装螺栓的扭紧力矩：完成□　未完成□ 扭矩：＿＿＿＿＿N·m		
11	作业质量验收	发动机的安装隔振垫：安装到位□　扭矩正确□　无损坏□		发动机悬置正常□

注：螺栓个数及扭矩值可查阅具体车型维修手册。

任务 2　发动机传动带及传动带驱动装置异响的检查与调整

任务描述

新车下线后，试车员起动发动机并打开发动机舱盖，从发动机前部传来一些刺耳的高频噪声，类似"吱吱"声。

任务目标

会排除发动机的噪声故障，或找到引起发动机噪声故障的问题部件。

完成任务的关键知识

1. 发动机附件驱动传动带噪声原因分析

引起发动机前部高频噪声的原因通常来自驱动传动带及其附件。发动机附件如发电机、水泵、空调压缩机、风扇等都是由曲轴传动带轮通过传动带驱动,属于传动带驱动装置,若传动带张紧度不符合标准,可能会产生振动和噪声,如传动带过松,由于传动带与带轮之间产生相对滑动,会发出"吱吱"的尖锐叫声,在传动带上浇少量水,噪声会消失或减小。若传动带过紧,由于驱动带轮轴承负荷过大,也会产生啸叫噪声。

图 2-19　驱动传动带及带轮

如图 2-19 所示,发动机传动带轮一般包括曲轴带轮、水泵带轮、空调压缩机带轮、发电机带轮等,这些带轮安装不正确或轴承损坏,在运转过程中会产生振动或噪声。

2. 发动机附件驱动传动带检查与调整方法

发动机附件驱动传动带检查方法有两种,其一是直接测量传动带的张紧力,其二是测量传动带的挠度,两种方法都可以,但使用测量挠度检查时应按维修资料的指定传动带位置进行。

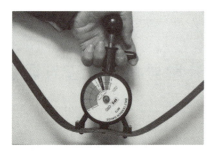

图 2-20　张紧力计使用方法

张紧力计使用方法如图 2-20 所示。

（1）压下球形手柄使用测量钩挂伸出到最长位置。

（2）将测量钩和测量直角端挂入传动带。放松球形手柄。

（3）指示刻度线与测量盘张紧力刻度对齐处读数即为传动带张紧力。

（4）张紧力单位:N。

图 2-21　传动带的挠度检查方法

传动带挠度检查方法如图 2-21 所示。

在传动带上施加一定的力,测量传动带变形量,称为传动带的挠度。

注意:

不同段长的传动带挠度也不同,因此,要按维修资料要求,在指定段长的传动带上检查挠度。

续表

图 2-22　发电机支架上的调整螺栓

如图 2-22 所示，通过发电机支架上的调整螺栓调整发动机附件驱动传动带的张紧力。

方法是先拧松锁紧螺栓，通过拧动调节螺栓使传动带张紧力合格后，再拧紧锁止螺栓。

完成任务的技能与流程

（1）检查发动机驱动传动带张紧力。

• 使用张紧力计检查传动带的张紧力时，可以将张紧力计夹持在传动带的任何一段上，如图 2-23 所示。

图 2-23　检查传动带张紧力

（2）传动带张紧力读数如图 2-24 所示。

• 新传动带张紧力标准值：700～800 N。

• 旧传动带张紧力标准值：550～750 N。

• 新传动带安装后运转超过 5 min，按旧传动带标准检测。

图 2-24　张紧力计读数

（3）传动带挠度标尺刻度如图 2-25 所示。

• 发动机正时带罩盖上有用于测量传动带挠度的标尺刻度，每刻度距离约为 10 mm。

• 以 98 N 按压传动带，检查发动机传动带的挠度。

新传动带标准值：7.0～8.2 mm。

旧传动带标准值：7.6～10.0 mm。

• 新传动带安装后运转超过 5 min，按旧传动带标准。

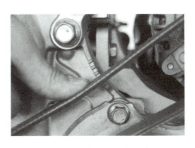

图 2-25　传动带挠度标尺

续表

（4）驱动传动带的调整时,拧松发动机传动带锁止螺栓。

● 锁止螺栓不要拆下,如图 2-26 所示。

图 2-26　拧松锁止螺栓

（5）拧动发动机传动带调整螺栓。

如图 2-27 所示。

图 2-27　拧动发动机传动带调整螺栓

（6）取下驱动传动带。

● 取下传动带后要做旋转方向标记,保证重新安装时保持原来的方向,如图 2-28 所示。

图 2-28　取下驱动传动带

（7）检查空调压缩机带轮。

● 用手晃动带轮,检查是否有松旷现象,如图 2-29 所示。

图 2-29　检查空调压缩机带轮

（8）检查水泵带轮。

● 用手晃动带轮,检查是否有松旷现象,如图 2-30 所示。

图 2-30　检查水泵带轮

（9）检查发电机带轮。

● 用手晃动带轮，检查是否有松旷现象，如图 2-31 所示。

图 2-31　检查发电机带轮

（10）检查曲轴带轮的扭转减振器。

● 观察曲轴带轮扭转减振器是否完好，如图 2-32 所示。

图 2-32　检查曲轴带轮的扭转减振器

任务工单

发动机传动带及传动带驱动装置异响的检查与调整工作单

班级：_____　　姓名：_____

序号	作业项目内容	作业标准记录	作业维修记录
1	发动机类型	柴油机□　汽油机□ V 形□　　直列式□ 4 缸□　　6 缸□　其他_____	
2	检查发动机驱动传动带张紧力	张紧力计夹持到方便检查的位置： 完成□　未完成□	调整传动带张紧度□
		传动带张紧力：_____ N　正常□　不正常□	
3	按压传动带，检查发动机传动带的挠度	传动带挠度：_____ mm　合格□　不合格□	调整传动带张紧度□

序号	作业项目内容	作业标准记录	作业维修记录
4	驱动传动带的调整	拧松发电机支架上的锁止螺栓： 完成□　未完成□	传动带张紧度未达标,更换传动带□
		拧动传动带调整螺栓,直到张紧力或挠度达到标准值范围： 完成□　未完成□	
		拧紧发电机支架上的锁止螺栓：_____ N·m	
5	拧松发电机调整锁止螺栓及调整螺栓	将发电机向发动机推至使传动带最松位置： 完成□　未完成□	
6	取下驱动传动带	完成□　未完成□	更换传动带□
7	检查空调压缩机带轮	空调压缩机带轮安装情况:正常□　异常□	更换空调带轮□
8	检查水泵带轮	水泵带轮安装情况:正常□　异常□	更换水泵带轮□
9	检查发电机带轮	发动机带轮安装情况:正常□　异常□	更换发电机带轮□
10	检查曲轴带轮的扭转减振器	曲轴带轮安装情况:正常□　异常□	更换曲轴带轮□
		扭转减振器情况:正常□　异常□	
11	作业质量验收	传动带张紧度/挠度:合格□　各带轮无异常□	发动机传动带及驱动系统正常□

任务3　风扇及散热器装置异响的检查

任务描述

　　新车下线后,试车员起动发动机并打开发动机舱盖,在加速过程中听到散热器及其周边产生了明显的风噪声。

任务目标

　　会排除发动机加油过程中散热器风噪声的故障,或找到引起风噪声故障的问题部件。

完成任务的关键知识

风扇转动会产生一定的噪声,流动的空气通过散热器后面的装置时会产生涡流并引起振动,如果散热器或其周边产生了不正常的噪声,应检查散热器及其相关装置的安装情况。

完成任务的技能与流程

（1）检查散热器上导流板是否有损坏情况。

• 散热器导流板对空气流动起导向作用,如果导流损坏或开裂,会因振动产生低频率的噪声,如图 2-33 所示。

图 2-33　检查导流板损坏情况

（2）检查散热器上导流板的安装螺栓紧固情况。

• 导流板安装螺栓松动,受空气流动及发动机振动的影响会产生噪声。

• 检查导流板安装螺栓,如图 2-34 所示。

图 2-34　检查导流板安装螺栓

（3）拆卸前保险杠总成,如图 2-35 所示。

图 2-35　拆卸前保险杠总成

（4）检查散热器上支架螺栓的安装情况。

• 检查散热器上支架螺栓,如图 2-36 所示。

图 2-36　检查散热器上支架螺栓

（5）拆除散热器上支架,如图 2-37 所示。

图 2-37　拆除散热器上支架

（6）检查散热器与上支架上的缓冲橡胶垫圈,如图 2-38 所示。

● 缓冲橡胶垫圈损坏会引起散热器振动并产生噪声。

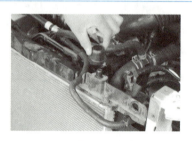

图 2-38　检查缓冲橡胶垫圈

（7）检查散热器二号护风罩安装情况。

● 检查二号护风罩螺栓,如图 3-39 所示,螺栓通常有扭矩要求,可查阅车辆维修手册获知。

图 2-39　检查二号护风罩螺栓

（8）拆卸散热器二号护风罩,如图 2-40 所示。

图 2-40　拆卸散热器二号护风罩

（9）排放散热器冷却液,如图 2-41 所示。

● 将收集桶放在散热器排液孔下。

● 拧松散热器冷却液排液螺栓,将冷却液排尽。

● 操作时应戴橡胶防护手套。

图 2-41　排放散热器冷却液

（10）拆除散热器进水管卡箍,如图 2-42 所示。

图 2-42　拆除散热器进水管卡箍

（11）拆除散热器出水管卡箍,如图 2-43 所示。

图 2-43　拆除散热器出水管卡箍

（12）拆除散热器与膨胀箱的连接软管卡箍,如图 2-44 所示。

图 2-44　拆除散热器与膨胀箱连接软管卡箍

（13）检查风扇转动情况,如图 2-45 所示。
- 风扇电动机轴承损坏,工作时会产生噪声。
- 旋转风扇叶片,风扇叶片应转动平稳无噪声。

图 2-45　检查风扇转动情况

（14）检查风扇叶片是否有破损,如图 2-46 所示。
- 风扇叶片损坏会引起空气流动不均匀的加剧,并产生噪声。

图 2-46　检查风扇叶片

续表

（15）拆卸护风罩螺栓，分离护风罩与散热器，如图 2-47 所示。

● 护风罩安装不正确，螺栓没有紧固，将产生较低频率的振动和噪声。

● 散热器与散热器下支架之间设置有隔振橡胶垫，切断振动传递。

图 2-47　拆卸护风罩螺栓

（16）检查风扇叶片安装情况，如图 2-48 所示。

● 风扇叶片螺栓松动，风扇叶片会因摆动而产生噪声。

图 2-48　检查风扇叶片安装情况

（17）拆卸风扇叶片。

● 护风罩的结构对空气流动噪声的抑制作用较大，检查是否有损坏情况，如图 2-49 所示。

图 2-49　检查护风罩

任务工单

风扇及散热器装置异响的检查工作单

班级：_____　　姓名：_____

序号	作业项目内容	作业标准记录	作业维修记录
1	发动机类型	柴油机□　汽油机□　V 形□　直列式□ 4 缸□　6 缸□　风冷□　水冷□	
2	检查散热器上导流板	导流板有无裂纹损坏：有□　无□	更换导流板□
3	检查散热器上导流板的安装螺栓	导流板安装情况：正常□　异常□	紧固安装螺栓□

续表

序号	作业项目内容	作业标准记录	作业维修记录
4	拆卸前保险杠总成	拆卸散热器导流板上的固定螺栓□ 解除前保险杠侧部和下部的卡子□ 移除前保险杠□	
5	检查散热器上支架的安装情况	散热器上支架螺栓扭矩:_____ N·m 4个螺栓紧固□	4个螺栓紧固□
6	拆除散热器上支架	拆卸散热器上支架螺栓□ 移除散热器上支架□	
7	检查散热器与上支架上的缓冲橡胶垫圈	散热器上支架与散热器的二号护风罩定位凸起的缓冲橡胶垫圈:异常□　正常□	
8	检查散热器二号护风罩安装情况	紧固散热器二号护风罩安装螺栓:_____ N·m	紧固安装螺栓□
9	拆卸散热器二号护风罩（参考图2-39、图2-40）	拆卸散热器二号护风罩:安装螺栓□ 移除散热器二号护风罩:完成□ 检查散热器二号护风罩:正常□　异常□	
10	排放散热器冷却液	排放冷却液:完成□	
11	拆除散热器进出水管卡箍和软管	拆除进出水管卡箍和软管:完成□	
12	检查风扇转动情况	连同护风罩一起,取下散热器总成□ 检查风扇转动情况:正常□　异常□	
13	检查风扇叶片	风扇叶片:正常□　损坏□	更换风扇叶片□
14	分离护风罩与散热器	拆卸风扇护风罩螺栓□ 分离护风罩与散热器□ 检查散热器下支架橡胶垫是否完好□	
15	检查风扇叶片安装情况	检查风扇叶片安装螺栓:正常□　异常□	重新安装螺栓□

序号	作业项目内容	作业标准记录	作业维修记录
16	作业质量验收	散热器导流板正常□ 散热器上支架正常□ 风扇及护风罩正常□ 故障现象依旧□	风扇/散热器正常□ 返回生产部门□

任务4   发动机进气装置异响的检查

任务描述

新车下线后,试车员起动发动机并打开发动机舱盖,在发动机高转速下,从空气滤清器附件发出类似哨子的啸叫声。

任务目标

会排除发动机高转速下,空气滤清器附件啸叫噪声的故障,或找到引起啸叫噪声故障的问题部件。

完成任务的关键知识

发动机进气噪声:

发动机进气系统中的空气是脉冲式的,因此会产生振动,当发动机工作在某一转速下,进气脉冲的频率与进气系统的谐振频率一致时,就产生了谐振噪声。一般采用进气谐振器改变进气系统的谐振频率来避免进气噪声。

进气系统管路若有小的泄漏,会产生"吱吱"的气流声,发动机高速运转时,由于气流量大,会产生类似哨子的啸叫声,另外,若进气装置安装松动,发动机的振动会引起低频率的振动噪声。

完成任务的技能与流程

(1) 检查空气滤清器前的进气管,如图 2-50 所示。

- 进气管位于空气滤清器前,为了减小空气流动噪声,一般采用波纹管。
- 目视检查进气管是否有破损、泄漏处。

图 2-50   检查空气滤清器前的进气管

续表

（2）检查进气管安装情况。

● 检查进气管固定螺栓是否紧固，如图 2-51 所示。

图 2-51　检查螺栓紧固情况

（3）检查进气管接头连接情况。

● 检查卡箍是否牢固，如图 2-52 所示。

图 2-52　检查卡箍

（4）检查进气管与空气滤清器连接情况，如图 2-53 所示。

● 进气管与空气滤清器连接不牢固，会产生振动噪声。

图 2-53　检查进气管与空气滤清器连接情况

（5）检查空气滤清器软管卡箍安装情况，如图 2-54 所示。

● 软管接头处漏气会产生低频噪声，并使发动机怠速转速过高。

图 2-54　检查空气滤清器软管卡箍安装情况

（6）检查空气滤清器软管与节气门体连接处的卡箍是否紧固,如图 2-55 所示。

图 2-55　检查空滤软管与节气门体连接处的
卡箍是否紧固

（7）检查空气滤清器软管是否有破损。

- 用手拿捏使软管变形,观察是否有破损,如图 2-56 所示。

图 2-56　检查软管

（8）检查气门室通风软管,如图 2-57 所示。

- 检查气门室通风软管卡箍安装情况。
- 检查气门室通风软管是否有破损。

图 2-57　检查气门室通风软管

（9）检查空气滤芯安装是否到位,如图 2-58 所示。

图 2-58　检查空气滤芯的安装情况

续表

（10）检查空气滤清器底壳安装螺栓,如图 2-59 所示。

图 2-59　检查空气滤清器底壳安装螺栓

（11）检查空气滤清器底座螺栓减振橡胶套,如图 2-60 所示。

● 空气滤清器底座螺栓套设有减振橡胶,若橡胶损坏,会产生低频噪声。

图 2-60　检查螺栓减振橡胶套

（12）检查并紧固节气门体安装螺栓,如图 2-61 所示。

图 2-61　检查并紧固节气门体安装螺栓

（13）检查进气歧管安装螺栓。

● 进气歧管安装螺栓安装不牢固,会产生噪声,且发动机怠速偏高,如图 2-62 所示。

图 2-62　检查进气歧管安装螺栓

任务工单

发动机进气装置异响的检查工作单

班级：_____　　姓名：_____

序号	作业项目内容	作业标准记录	作业维修记录
1	发动机类型	柴油机□　　汽油机□ V 形□　　　直列式□ 4 缸□　　　6 缸□	
2	检查空气滤清器前的进气管	进气管：完好□　　损坏□	更换进气管□
3	检查进气管安装情况	紧固进气管固定螺栓□	
4	检查进气管接头连接情况	卡箍紧固情况：牢固□　　松动□	重新安装接头卡箍□
5	检查进气管与空气滤清器和节气门体的连接情况	进气管与空气滤清器连接：牢固□　　松动□ 空气滤清器软管卡箍：牢固□　　松动□ 空气滤清器软管与节气门体连接处的卡箍：牢固□　　松动□	安装进气管与滤清器□ 重新安装卡箍□
6	检查空气滤清器软管	软管：完好□　　破裂□	更换空气滤清器软管□
7	检查气门室通风软管	气门室通风软管连接：牢固□　　松动□	重新紧固□
8	检查空气滤芯安装情况	空气滤芯安装：到位□　　不到位□	重新安装□
9	检查空气滤清器底座安装螺栓和减振橡胶套	拆卸空气滤清器底壳螺栓□ 空气滤清器底壳螺栓减振橡胶套：完好□　破裂□	更换减振橡胶套□
10	检查节气门体安装螺栓	拆除空气滤清器与节气门体之间软管□ 节气门体螺栓：牢固□　　松动□	重新紧固□

续表

序号	作业项目内容	作业标准记录	作业维修记录
11	检查进气歧管安装螺栓	进气歧管安装螺栓:牢固□　松动□	重新紧固□
12	作业质量验收	进气系统无漏气□　零件无缺失□　连接牢固□	进气系统正常□

任务5　发动机排气装置异响的检查

任务描述

　　新车下线试车,在发动机怠速工况下,汽车底部有振动和噪声,且当发动机加速时,振动随之加剧,噪声频率随之升高,疑似排气系统噪声。

任务目标

　　会排除发动机急加速时,排气管处噪声和抖动的故障,或找到引起故障的问题部件。

完成任务的关键知识

　　发动机排气压力在消声器中逐渐减弱,若消声器损坏将产生较大排气爆炸噪声,若排气管路系统中有泄漏,会有明显的排气噪声并使排气装置产生较大的振动。

　　由于发动机排气的脉动性,使排气装置产生低频率的振动,为了避免这些振动传递到车身上,排气装置与车身之间必须使用柔性固定,最常用的装置就是橡胶吊耳。

完成任务的技能与流程

　　(1)检查排气管路各连接处是否有泄漏,如图2-63所示。

　　● 通过观察排气管凸缘处是否有炭黑痕迹,判断凸缘垫是否损坏。

图2-63　检查排气管连接凸缘处是否泄漏

（2）检查排气管凸缘紧固螺栓及压缩弹簧，如图 2-64 所示。

- 螺栓通常有拧紧力矩要求。
- 压缩弹簧损坏不仅会使凸缘连接不牢固，同时也会产生噪声。

图 2-64　检查排气管带压缩弹簧的螺栓

（3）检查消声器内部是否有损坏。

- 通过晃动消声器，倾听其内部是否有脱落及损坏现象。
- 操作时应戴手套，如图 2-65 所示。

图 2-65　检查消声器

（4）检查排气管橡胶吊耳的安装情况，如图 2-66 所示。

- 排气管橡胶吊耳损坏，排气管路会产生振动和噪声。

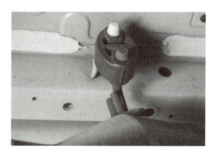

图 2-66　检查排气管橡胶吊耳安装情况

（5）检查排气管橡胶吊耳是否有损坏，如图 2-67 所示。

- 通过挤压使排气管橡胶吊耳变形，检查是否有开裂破损现象。
- 橡胶吊耳若老化会变硬，并逐渐开裂。

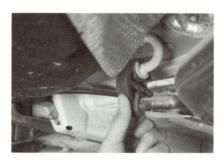

图 2-67　检查橡胶吊耳是否损坏

续表

（6）检查排气管橡胶吊耳是否采用了双隔离式支架，如图 2-68 所示。

● 双隔离指吊耳支架与车身之间连接螺栓使用了减振橡胶垫。

图 2-68　检查双隔离式支架采用情况

（7）检查排气管橡胶吊耳减振效果，如图 2-69 所示。

● 通过在排气管橡胶吊耳处晃动，检查排气管路是否产生噪声。

● 在排气管路各橡胶吊耳处晃动，观察排气管路摆动幅度，是否会与车身接触。

● 操作时应戴手套。

图 2-69　检查排气管橡胶吊耳减振效果

（8）检查排气管路带金属网的波纹管段的完好情况。

● 靠近排气歧管设置带金属网的波纹管是减小振动噪声的措施之一，金属网起到保护波纹管的作用，如图 2-70 所示。

图 2-70　检查排气管路中带金属网的波纹管

任务工单

发动机排气装置异响的检查工作单

班级：_____　　姓名：_____

序号	作业项目内容	作业标准记录	作业维修记录
1	发动机类型	柴油机□　　汽油机□ V 形□　　直列式□ 4 缸□　　6 缸□ 单排气管□　双排气管□	

续表

序号	作业项目内容	作业标准记录	作业维修记录
2	检查排气管路各连接处	连接凸缘处:正常□　泄漏＿＿＿＿处	
3	检查排气管凸缘紧固螺栓及压缩弹簧	紧固排气管凸缘螺栓□ 排气管凸缘螺栓压缩弹簧:正常□　损坏□	更换压缩弹簧□
4	检查消声器内部	消声器:正常□　损坏□	更换消声器□
5	检查排气管吊耳的安装情况	排气管吊耳与支架间的安装:到位□　错位□ 吊耳支架脱焊、破损现象:有□　无□	焊接吊耳支架□
6	检查排气管橡胶吊耳	排气管橡胶吊耳:正常□　损坏□	更换橡胶吊耳□
7	检查排气管吊耳双隔离支架	双隔离支架的减振橡胶垫圈:正常□　损坏□	更换减振橡胶垫圈□
8	检查排气管吊耳减振效果	排气管吊耳减振效果:正常□　不正常□	
9	检查排气管路带金属网的波纹管段	排气管路金属网:正常□　破损□	更换金属网□
10	作业质量验收	排气管螺栓紧固□ 排气管橡胶吊耳垫圈完好□ 其他部件完好无缺失□	发动机排气系统正常□

任务6　发动机气门噪声的检查

任务描述

　　新车下线后,试车员起动发动机并打开发动机舱盖,在发动机冷机状态下,从发动机上部传来了"咔嗒"的噪声。

任务目标

会排除发动机冷机状态下,发动机气门室罩处噪声的故障,或找到引起故障的问题部件。

完成任务的关键知识

1. 发动机气门噪声的机理

发动机气门杆与气门摇臂之间的间隙引起气门噪声,由于气门杆在受热时长度会发生变化,因此当前发动机几乎全部采用了液压式间隙补偿装置,即液压支撑元件,其作用是能够自动补偿由于气门杆长度变化引起气门间隙的变化,无论冷机或热机状态,气门间隙始终接近为零,从而降低了发动机气门运动噪声。

液压支撑元件工作不良或损坏,会引起气门噪声,因此,气门噪声的检查的方向应放在哪个气门或哪几个气门产生了噪声,从而可以有针对性地检查或更换。

2. 发动机气门噪声的特点与诊断

气门噪声是发动机最常见的噪声,诊断时注意倾听,怠速工况时有明显的"咔嗒"声,即为摇臂敲击气门杆的声音,随着发动机转速增高,由于气门开闭频率增大,"咔嗒"声会连成一片,因而反而听不到明显的敲击声。

气门噪声的另一个特点是在冷机时噪声大,而热机后明显减小,原因是热机后机油压力上升,机油黏度减小,液压挺柱工作改善。

3. 引起发动机气门响的主要原因

(1)机油压力过低　若所有气门都有明显噪声,应首先检查机油压力是否正常。由于液压支撑元件的油道在气缸盖上,处于压力末端,因此,机油压力偏低,会引起液压支撑元件工作不良,气门间隙过大产生噪声。

(2)液压支撑元件损坏。

压力机油通过活塞的油孔和油道,并经单向阀进入液压支撑元件下机油室,使下机油室充满机油,气门间隙消失。若单向阀密封不良,将会导致液压支撑元件内油压不足,产生间隙,如图2-71所示。

图2-71　液压支撑元件工作过程

完成任务的技能与流程

（1）使用听诊器确认气门噪声。

• 诊断气门噪声应将听诊器探针接触气缸盖的部位，如图 2-72 所示。

• 起动发动机并保持怠速工况，在每个气缸的气门位置逐个听诊。

• 适当改变发动机转速，倾听气门噪声的频率变化。

• 也可以用长螺丝刀代替听诊器，如图 2-73 所示。

图 2-72   使用听诊器检查气门噪声

图 2-73   使用长螺丝刀检查气门噪声

（2）起动发动机，观察仪表盘内机油压力警告灯是否熄灭（图 2-74）。

图 2-74   观察机油压力警告灯

（3）检查液压支撑元件。将怀疑有故障的液压支撑元件拆下，并准备好专用工具。

① 工具准备

• 可用铁丝自制专用工具，将铁丝端部磨尖，并弯成如图 2-75 所示的形状。

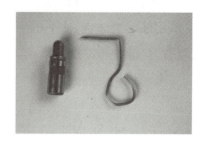

图 2-75   检查液压支撑元件专用工具

续表

② 将专用工具与液压支撑元件组合,如图 2-76 所示。

● 将专用工具伸入活塞油道中,并使端部尖头进入底部的油孔,目的是能推开单向阀,并使机油能顺利进入到下油室中。

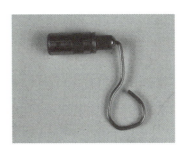

图 2-76 组合专用工具

③ 使下油室充满机油,如图 2-77 所示。

● 将组合后的专用工具连同液压支撑元件一起放入机油中。

● 来回按压活塞几次,使下机油室气体排出并使机油进入下油室。

● 操作中,液压支撑元件应完全浸没在机油中。

图 2-77 下油室充油

④ 检查液压支撑元件。

● 用手指压缩活塞,检查活塞能否移动,判断液压支撑元件是否损坏。

● 操作中,要使液压支撑元件完全浸没在机油中,如图 2-78 所示。

图 2-78 检查液压支撑元件

任务工单

发动机气门噪声的检查工作单

班级:_____ 姓名:_____

序号	作业项目内容	作业标准记录	作业维修记录
1	发动机类型	柴油机□　　汽油机□ V 形□　　直列式□ 4 缸□　　6 缸□ 单排气管□　双排气管□ 2 气门□　　4 气门□	

序号	作业项目内容	作业标准记录	作业维修记录
2	气门响确认	专用听诊器□　气门响:有□　无□ 长螺丝刀□	维修液压支撑元件□ 调整气门间隙□ 检查机油压力
3	检查机油压力	仪表机油压力指示灯:正常□　常亮□	机油压力合格□ 维修润滑系□
4	检查气门间隙	1缸:进气门____mm　合格□　不合格□ 　　排气门____mm　合格□　不合格□ 2缸:进气门____mm　合格□　不合格□ 　　排气门____mm　合格□　不合格□ 3缸:进气门____mm　合格□　不合格□ 　　排气门____mm　合格□　不合格□ 4缸:进气门____mm　合格□　不合格□ 　　排气门____mm　合格□　不合格□ 5缸:进气门____mm　合格□　不合格□ 　　排气门____mm　合格□　不合格□ 6缸:进气门____mm　合格□　不合格□ 　　排气门____mm　合格□　不合格□	
5	调整气门间隙	塞尺□　平口螺丝刀□　梅花扳手□ 调整后气门间隙:合格□　不合格□	气门异响消失□
6	检查液压支撑元件	专用工具□ 1缸支撑元件活塞活动:正常□　异常□ 2缸支撑元件活塞活动:正常□　异常□ 3缸支撑元件活塞活动:正常□　异常□ 4缸支撑元件活塞活动:正常□　异常□ 5缸支撑元件活塞活动:正常□　异常□ 6缸支撑元件活塞活动:正常□　异常□	更换液压支撑元件□

续表

序号	作业项目内容	作业标准记录	作业维修记录
7	更换液压支撑元件	气门异响消失□	
8	作业质量验收	机油压力指示灯正常□　气门间隙正常□ 气门异响无□　气门异响仍存在□	发动机气门组正常□ 返回生产部门□

发动机无法正常起动故障的诊断与处理

项目概述

　　发动机总装下线后,对发动机的起动性能做最后的检查,包括在室温、低温和高温下能否起动,起动过程是否顺利,以发现装配过程或零部件中的问题,保证出厂产品质量。

项目目标

知识目标	1. 知道评价车用发动机起动性能的技术指标。 2. 知道发动机起动困难的故障特征。 3. 知道发动机起动困难的故障原因。
技能目标	1. 会试验和判断发动机起动困难的故障。 2. 会使用发动机常用的检测设备。 3. 能找到引起发动机起动困难的故障点。
能力目标	1. 能依据任务工单独立完成工作任务。 2. 通过反复学习形成处理类似问题的能力。

项目教学资源

　　单顶置凸轮轴电控汽油发动机台架 2 台、双顶置凸轮轴电控汽油发动机 2 台和凸轮轴下置式发动机 2 台,气缸压力表、发动机真空检测仪、发动机燃油压力测试仪等。

项目预备知识

一、汽车发动机起动性能

　　冷机起动:汽油发动机在环境温度不低于-5℃,柴油发动机在环境温度不低于5℃时,应顺利起动,允许起动 3 次,每次不超过 5 s。

热机起动:在正常工作温度下,发动机应能在 5 s 内一次顺利起动。

二、常用测量仪器介绍

(1)气缸压力表是用来测量气缸压缩压力的仪表(图 3-1),由气缸压力表表头、软管和火花塞孔接头组成,测量时与发动机火花塞孔连接。

(2)燃油压力表是用来测量发动机燃油管路中燃油压力的一种压力表(图 3-2),由表头、油管和燃油分配管接头组成,使用时将燃油压力表连接到燃油分配管连接头。

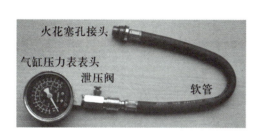

图 3-1　气缸压力表

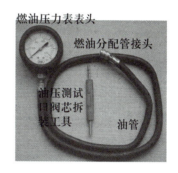

图 3-2　燃油压力表

任务 1　起动机正常,但发动机无法运转故障的诊断与处理

任务描述

正常起动发动机,起动机工作正常,曲轴旋转正常,发动机无点火征兆。

任务目标

会排除起动机正常,但发动机无法运转的故障,能确定故障部位或有问题的部件。

完成任务的关键知识

1. 电子元件插接器安装问题

曲轴位置传感器、凸轮轴传感器、点火线圈、喷油器等元件的插接器如果漏插,则会影响发动机的喷油和点火,因此会造成发动机无法起动。

2. 电子元件安装问题

传感器、执行器元件本身安装不到位,则会造成进气管漏气、传感器信号失真等问题,势必会影响发动机的正常工作,造成发动机无法起动。

3. 配气相位错乱

配气相位错乱包括两个方面:即配气正时和气门开启时间错乱。它的变化直接影响气缸充气系数的变化。在发动机装配及维修过程中都必须通过恰当的配气正时和合格的凸轮轮廓来保证配气相位准确。如果配气相位不正确,则会影响发动机的进、排气和气缸压力,势必会造成发动机无法起动。

4. ECU 供电问题

ECU 电源电路一般包括三个方面,分别是常电源、点火开关控制的供电以及继电器控制的供电,任何一种供电出现问题,ECU 都将不能工作,也就无法控制点火、喷油,导致发动机无法起动。

5. 燃油问题

发动机的工作需要燃油泵持续不断地提供足量的具有一定压力的燃油,如果燃油泵不工作或者燃油压力不足,则会造成发动机无法起动。

6. 压缩压力问题

较高的压缩压力是汽油发动机混合气正常燃烧的三要素之一,如果由于装配问题引起气缸密封不严,则会造成气缸压缩压力较低,影响混合气的燃烧,最终导致发动机无法起动。

完成任务的技能与流程

1. 检查电子元件插接器的安装情况

（1）检查曲轴位置传感器插接器安装情况,如图 3-3 所示。

- 目视插接器有无安装。
- 如果插接器已安装,用手检查插接器有无安装到位。

图 3-3   检查曲轴位置传感器插接器

（2）检查凸轮轴位置传感器插接器安装情况,如图 3-4 所示。

- 目视插接器有无安装。
- 如果插接器已安装,用手检查插接器有无安装到位。

图 3-4   检查凸轮轴位置传感器插接器

续表

（3）检查喷油器插接器安装情况,如图 3-5 所示。

● 目视插接器有无安装。

● 如果插接器已安装,用手检查插接器有无安装到位。

图 3-5　检查喷油器插接器

（4）检查点火线圈插接器安装情况,如图 3-6 所示。

● 目视插接器有无安装。

● 如果插接器已安装,用手检查插接器有无安装到位。

图 3-6　检查点火线圈插接器

2. 检查电子元件本身的安装情况

（1）检查进气歧管压力传感器安装情况,如图 3-7 所示。

● 目视元件有无安装问题。

● 用扭力扳手检查元件紧固螺栓的拧紧力矩是否达标,标准力矩为 6 N·m。

图 3-7　检查进气歧管压力传感器

（2）检查凸轮轴位置传感器安装情况,如图 3-8 所示。

● 目视元件有无安装问题。

● 用扭力扳手检查元件紧固螺栓的拧紧力矩是否达标,标准力矩为 4.5 N·m。

图 3-8　检查凸轮轴位置传感器

（3）检查曲轴位置传感器安装情况,如图 3-9 所示。

● 目视元件有无安装问题。

● 用扭力扳手检查元件紧固螺栓的拧紧力矩是否达标,标准力矩为 6 N·m。

图 3-9　检查曲轴位置传感器

3. 配气相位的检查与调整

（1）转动曲轴，使 1 缸位于压缩上止点，如图 3-11 所示。

● 曲轴扭转减振器正时标记与正时带下前盖正时标记对齐，如图 3-10 所示。

● 2 缸进气侧凸轮和 3 缸排气侧凸轮应位于顶部且略微向内倾斜相同角度。

图 3-10　对齐扭转减振器正时标记

图 3-11　确认 1 缸位于压缩上止点

（2）取下正时带上前盖，如图 3-12 所示。

● 拧松正时带上前盖两个紧固螺栓，取下正时带上前盖。

图 3-12　取下正时带上前盖

（3）检查凸轮轴执行器调节器齿轮正时标记（双顶置凸轮轴适用）。

● 进气凸轮轴位置执行器调节器齿轮正时标记比排气凸轮轴位置执行器调节器齿轮正时标记略高半齿，如图 3-13 所示。

图 3-13　检查凸轮轴执行器调节器齿轮正时标记

续表

（4）检查正时齿轮正时记号是否对正（凸轮轴下置式适用）。

● 对于齿轮传动的配气机构,配气正时记号一般都打在齿轮上,如图3-14所示。

正时记号

图3-14　检查正时齿轮正时记号

（5）检查正时齿轮正时记号是否对正（单顶置凸轮轴式适用）。

● 转动曲轴,使一缸位于压缩上止点,曲轴扭转减振器正时标记与正时带下前盖正时标记对齐,如图3-15所示。

● 检查凸轮轴正时带轮上的正时标记,凸轮轴正时带轮上的正时标记应与正时带上护板上的正时标记对齐,如图3-16所示。

图3-15　对齐扭转减振器正时标记

图3-16　检查凸轮轴正时带轮上的正时标记

4. ECU 供电检查

（1）检查发动机故障警告灯状态,如图3-17所示。

● 点火开关置于"ON"位置。

● 观察发动机故障警告灯是否点亮。

图3-17　检查发动机故障警告灯

（2）使用诊断仪与ECU建立通信。

● 点火开关置于"ON"位置。

● 使用诊断仪读取ECU版本信息,能成功读取版本信息即表明ECU供电正常,如图3-18所示。

图3-18　使用诊断仪与ECU建立通信

5. 燃油供给系统检查

（1）点火开关置于"ON"位置，听油泵是否工作。

（2）点火开关置于"OFF"，安装燃油压力表。

● 拧下燃油分配管上油压测试口的保护盖，如图 3-19 所示，安装燃油压力表。

图 3-19　拧下燃油分配管上油压测试口的保护盖

（3）用专用工具拧松油压测试口的阀芯，如图 3-20 所示。

图 3-20　拧松油压测试口的阀芯

（4）取出阀芯，如图 3-21 所示。

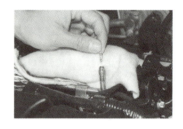

图 3-21　取出阀芯

（5）连接油压表接口，如图 3-22 所示。

图 3-22　连接油压表接口

（6）测量燃油压力，读取油压表读数，如图 3-23 所示。

● 将点火开关置于"ON（打开）"位置。

当用故障诊断仪指令燃油泵继电器通电和断电时，确认燃油压力在 345～414 kPa 之间且在 5 min 内下降不超过 34 kPa。

图 3-23　读取油压表读数

6. 气缸压力检测

（1）拆下节气门体,如图 3-24 所示。

● 测试缸压时节气门要全开,带有电子节气门的发动机需要拆下节气门体。

图 3-24　拆下节气门体

（2）拆下点火线圈和各缸火花塞,安装气缸压力表。

● 将点火线圈拆下,拆下各缸火花塞,安装气缸压力表,如图 3-25 所示。

图 3-25　安装气缸压力表

（3）拔下喷油器总连接器,如图 3-26 所示。

● 为防止测试期间燃油喷入气缸,需要切断燃油。

图 3-26　拔下喷油器总连接器

（4）使用压力表测试各缸压力,如图 3-27 所示。

● 起动发动机约 4 s。

● 气缸压力约为 12 bar。

● 比较各缸压力值,最大压力差为 1 bar(100 kPa)。

图 3-27　测试各缸压力

任务工单

起动机正常,但发动机无法运转故障的诊断与处理工作单

班级：_____　　　姓名：_____

序号	作业项目内容	作业标准记录	作业维修记录
1	信息记录	VIN _____ 单凸轮轴□　双凸轮轴□	
2	ECU 供电检查	点火开关置于"ON",发动机故障指示灯: 点亮□　熄灭□	检查 ECU 供电端子电压□
3	ECU 检查	连接诊断仪:通信正常□　无法通信□	更换 ECU□
4	检查电子元件插接器的安装情况	曲轴位置传感器插接器安装情况: 牢固□　松动□	更换插接件□
		凸轮轴位置传感器插接器安装情况: 牢固□　松动□	
		喷油器插接器安装情况: 牢固□　松动□	
		点火线圈插接器安装情况: 牢固□　松动□	
5	检查电子元件本身的安装情况	进气歧管压力传感器安装情况□ 凸轮轴位置传感器安装情况□ 曲轴位置传感器安装情况□	
6	检查燃油压力	点火开关置于"ON",油泵:工作□　不工作□ 连接油压表□　燃油压力:_____ kPa	
7	检查各缸气缸压力	拆下节气门体□　拆下火花塞□　断开喷油器□ 连接气缸压力表□ 1/2 缸 _____/_____ kPa;3/4 缸 _____/_____ kPa	

续表

序号	作业项目内容	作业标准记录	作业维修记录
8	双顶置凸轮轴配气相位的检查	确定一缸压缩上止点□ 取下正时带上前盖□	调整配气正时□
		凸轮轴执行器调节器齿轮正时标记: 正确□ 错位□	
9	单顶置凸轮轴配气相位检查	确定一缸压缩上止点□ 取下正时带上前盖□	调整配气正时□
		凸轮轴正时记号和缸盖标记: 对正□ 错位□	
10	下置凸轮轴配气相位检查	确定一缸压缩上止点□ 取下正时齿轮盖□	调整配气正时□
		凸轮轴正时齿轮记号和曲轴正时齿轮记号: 对正□ 错位□	
11	作业质量验收	部件安装牢固□ 配气正时正确□	

任务 2　发动机有点火征兆,但无法正常起动故障的诊断与处理

任务描述

正常起动发动机,起动机工作正常,曲轴旋转正常,发动机有点火征兆但不能怠速运转。

任务目标

会排除发动机有点火征兆,但无法正常起动的故障,能确定故障部位或有问题的部件。

完成任务的关键知识

1. 进气管漏气

由发动机的怠速控制原理可知,在正常情况下,怠速控制阀的开度与进气量严格遵循某种

函数关系,即怠速控制阀开度增大,进气量相应增加。如果进气管漏气,使进气量与怠速 控制阀的开度不严格遵循原函数关系,空气流量传感器无法测出真实的进气量,造成 ECU 对进气量控制不准确,导致混合气过稀,发动机无怠速。所以针对发动机有点火征兆,但无法正常起动这一现象,应检查有无进气管漏气。

2. 节气门故障

电控发动机的正常怠速是通过怠速控制阀(ISC)来保证的,怠速控制阀动作发卡或节气门关闭不到位等会使 ECU 无法对发动机进行正确的怠速调节,也可能造成怠速不稳甚至无怠速。

完成任务的技能与流程

1. 检查进气管和进气歧管上安装的元件及曲轴箱强制通风软管的安装情况

(1)检查真空管的安装情况。

● 目视真空管有无安装,如图 3-28 所示。

● 如果真空管已安装,用手检查管路是否有破损,管路接头处安装是否到位,如图 3-29 所示。

图 3-28　检查真空管(1)

图 3-29　检查真空管(2)

(2)检查进气歧管压力传感器的安装情况,如图 3-30 所示。

● 目视进气歧管压力传感器有无安装。

● 如果已安装,用手检查安装是否到位。

图 3-30　检查进气歧管压力传感器

续表

（3）检查曲轴箱强制通风软管安装情况。

● 目视曲轴箱强制通风软管有无安装,并用手检查管路是否有破损,如图 3-31 所示。

图 3-31   检查曲轴箱强制通风软管

● 如果曲轴箱强制通风软管没问题,用手检查曲轴箱强制通风软管接头处安装是否到位,如图 3-32 所示。

图 3-32   检查曲轴箱强制通风软管接头

2. 检查节气门体

（1）检查节气门关闭情况,如图 3-33 所示。

● 点火开关置于"OFF"位置,拆下节气门体上的进气管。

● 观察节气门的关闭情况,应有一定的缝隙。

图 3-33   检查节气门关闭情况

（2）检查节气门体的运动是否卡滞。

● 拆下进气软管。

● 用手推动节气门,检查节气门有无卡滞,如图 3-34 所示。

● 略踩加速踏板,起动发动机,检查发动机能否起动。若能起动,则不起动原因是节气门卡滞。

图 3-34   检查节气门有无卡滞

3. 检查点火系统

（1）检查点火分缸线，如图 3-35 所示。

- 检查分缸线有无破损、漏电。
- 检查分缸线的安装顺序是否正确。

图 3-35　检查点火分缸线

（2）检查分电器，如图 3-36 所示。

- 检查分电器有无破损。
- 检查分火头。

图 3-36　检查分电器

（3）检查火花塞

- 检查火花塞的外观颜色，如图 3-37 所示。
- 使用塞尺测量火花塞电极间隙是否正常，如图 3-38 所示。

图 3-37　检查火花塞的外观颜色

图 3-38　测量火花塞电极间隙

任务工单

发动机有点火征兆,但无法正常起动故障诊断与处理工作单

班级:_____　姓名:_____

序号	作业项目内容	作业标准记录	作业维修记录
1	信息记录	VIN _____ 单凸轮轴□　双凸轮轴□ 机械节气门体□　电子节气门体□ 带分电器□　不带分电器□	
2	检查真空管的安装情况	真空管安装:到位□　缺失□ 真空管路接头:牢固□　松动□ 真空管:完好□　破裂□	更换真空管□ 更换真空管接头□
3	检查进气歧管压力传感器的安装	进气歧管压力传感器:安装□　缺失□ 紧固进气压力传感器:到位□　缺失□	
4	检查曲轴箱强制通风软管	曲轴箱强制通风软管:安装□　缺失□ 曲轴箱强制通风软管:完好□　破裂□ 曲轴箱强制通风软管接头:牢固□　松动□	更换曲轴箱通风软管□ 更换曲轴箱通风管接头□
5	检查节气门关闭情况	拆下进气管□ 节气门边缘间隙:无□　合适□　过大□	
6	检查节气门体的运动卡滞	用手推动节气门检查□ 节气门运动:良好□　卡滞□ 踩下加速踏板,起动发动机□ 发动机起动:正常□　无法正常起动□	更换节气门体□
7	检查点火分缸线	连接顺序:正确□　错误□ 分缸线:破裂□　完好□	更换分缸线□
8	检查分电器	分电器壳:破裂□　完好□ 分火头:破裂□　完好□	更换分电器□

续表

序号	作业项目内容	作业标准记录	作业维修记录
9	检查火花塞	火花塞电极间隙： 1 缸＿＿＿＿＿ mm；2 缸＿＿＿＿＿ mm；3 缸＿＿＿＿＿ mm；4 缸＿＿＿＿＿ mm ＿＿＿＿＿缸火花塞不正常	更换火花塞□
10	作业质量验收	管路连接牢固□　零部件完好□ 火花塞性能良好□　故障现象依旧□	点火系统正常□ 返回生产部门□

项目四

发动机运转不良故障的诊断与处理

项目概述

　　汽车在组装车间下线后,调试员要起动发动机并对发动机工作情况进行检查,其中一项基本检查就是观察发动机在各工况下的运转情况。如:怠速工况下发动机运转是否稳定,踩下加速踏板时发动机转速上升的响应情况等。如果有发动机运转异常现象,调试员要对影响发动机运转的相关系统的元件或电路进行初步检查,简单问题可现场排除,复杂问题交给整改车间进行处理。

项目目标

知识目标	1. 知道国家标准对发动机各工况的技术要求。 2. 知道发动机性能的基本测试方法。 3. 知道发动机运转不良的故障原因。
技能目标	1. 会使用相关的发动机检测仪器。 2. 会检查发动机运转不良的故障。 3. 会更换造成发动机工作不良的配件。
能力目标	1. 能依据任务工单独立完成工作任务。 2. 通过反复学习形成处理类似问题的能力。

项目教学资源

　　教学整车 1 或 2 辆,举升机(双柱或剪式)1 或 2 台。

项目预备知识

1. 发动机无负荷测试

无负荷测试是指发动机在不带负荷的情况下,突然开大节气门,通过观察发动机的加速性能来衡量发动机性能的方法。这种方法简单,测量精度不高。

2. 单缸断火检查

发动机在一定转速下运行时,若某缸突然断火,发动机转速会下降。若各缸工作均衡,则当各缸轮流断火时,转速下降幅度基本相同;反之转速下降幅度差别很大,说明有气缸工作不良。

3. 单缸独立点火系统

当前汽油发动机点火系统有两种类型,双缸同时点火——两个气缸共用一个点火线圈;单缸独立点火——每个气缸单独使用一个点火线圈(图4-1)、发动机使用一个集成式的点火线圈(图4-2)。无论哪一种类型,都是发动机控制单元控制的点火系统,其检查及处理方法类似。

图4-1　独立式点火线圈

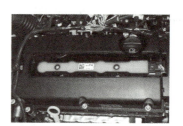

图4-2　集成式点火线圈

任务1　发动机怠速不稳,加速无力故障的处理

任务描述

生产线上下线一辆雪佛兰科鲁兹轿车,起动后发动机工作不平稳,怠速不稳,忽高忽低,一直重复,并有轻微抖动,使用诊断仪进入发动机控制系统,发现无故障代码。

任务目标

排除引起发动机工作不良的故障、保持发动机有良好的工作状态。

完成任务的关键知识

发动机运转不良最常见的现象是发动机起动后怠速不稳定,即发动机转速忽高忽低一直重复,伴随着抖动,踩下加速踏板加速时发动机转速上升迟缓无力,这种故障可能是以下几个

系统工作不良:

（1）点火系统工作不良　如某缸失火导致发动机怠速抖动且加速无力,可能由点火线圈、火花塞及相关电路引起。

（2）燃油系统工作不良　如某缸喷油器工作不良导致该缸不工作,燃油系统压力不足,导致发动机加速无力等。

（3）发动机进气系统工作不良　如进气系统漏气或曲轴强制通风系统故障等。

完成任务的技能与流程

1. 检测发动机点火系统故障

（1）取下气门室盖上盖板(图4-3)。

● 4个点火线圈集成在一起,用两个螺栓安装在气缸盖顶部。

● 如果某缸点火线圈损坏必须整体更换。

图4-3　取下气门室盖上盖板

（2）检查点火线圈连接器安装情况(图4-4)。

● 点火线圈只有一个连接器,连接器必须连接可靠。

图4-4　检查点火线圈连接器

（3）检查点火线圈插头针脚情况(图4-5)。

● 点火线圈插头针脚应完好,无歪斜。

图4-5　检查点火线圈插头针脚

（4）检查点火线圈紧固情况（图4-6）。

● 按技术要求将点火线圈安装螺栓紧固到规定力矩。

● 点火线圈与火花塞安装接触面有缝隙会引起高压电从缝隙漏电。

图4-6　检查点火线圈紧固力矩

（5）以上各项均没问题,则取下点火线圈,检查点火线圈外观（图4-7）。

● 外观完好,无明显破裂和变色。

图4-7　检查点火线圈外观

（6）检查火花塞安装情况（图4-8）。

● 按技术要求将火花塞紧固到规定力矩。

图4-8　检查火花塞安装力矩

（7）检查火花塞（图4-9）。

● 火花塞型号正确。

● 陶瓷体无破裂。

● 用塞尺检查火花塞间隙。

● 火花塞间隙合格,通常为0.6~1.3 mm。

图4-9　检查火花塞外观

续表

（8）检查火花塞和点火线圈的跳火情况(图4-10)。

- 断开所有喷油器连接器拆下点火线圈。
- 将火花塞安装到点火线圈上。
- 将火花塞侧电极连接到车身上。
- 起动发动机观察火花塞跳火情况。

标准:火花塞应发出蓝色的强火花为合格。

图 4-10　检查火花塞跳火情况

2. 检查发动机燃油供给系统故障

（1）检查喷油器(图4-11)。

- 检查喷油器安装位置是否到位。
- 检查喷油器连接器是否安装到位。
- 起动发动机,用听诊器听喷油器是否有工作的"咔嗒"声。

图 4-11　检查喷油器

（2）检查喷油器连接器(图4-12)。

- 连接器针脚有无错位。

图 4-12　检查喷油器连接器

（3）拆下油轨、检查喷油器安装在进气管上的密封圈是否完好(图4-13)。

- 密封圈无损坏。

图 4-13　检查喷油器连接器密封圈

（4）检查喷油器进油口是否有堵塞或异物（图4-14）。

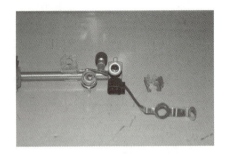

图4-14　检查喷油器进油口

（5）检查喷油器雾化情况（图4-15）。

- 拆下油轨。
- 断开点火线圈连接器。
- 起动发动机、在白纸上查看雾化状况（雾状）。

注意：若喷油器雾化状况不好，先去测量燃油压力，再判断喷油器是否有问题。

图4-15　检查喷油器雾化情况

（6）切断发动机供油电路。

- 取下发动机舱熔断器盖。
- 拔下燃油泵继电器、卸压（图4-16）。
- 起动发动机数次，直到打不着车为止。

图4-16　拔下燃油泵继电器、卸压

（7）测试燃油压力（图 4 - 17、图 4 - 18、图 4-19）。

- 取下压力测试口防尘帽。

图 4-17　压力测试口防尘帽

- 拆压力测试口阀芯。

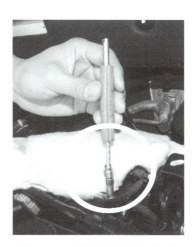

图 4-18　拆压力测试口阀芯

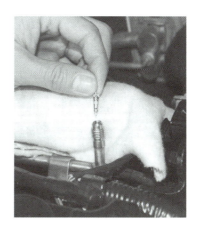

图 4-19　取下测试口阀芯

（8）读取燃油系统压力。

● 连接油压表（图4-20）。

● 重新安装燃油泵继电器。

● 起动发动机、保持发动机怠速运转、读取压力值（图4-21）。

标准：380 kPa（3.8 bar）。

图4-20　连接油压表

图4-21　读取燃油压力

（9）燃油压力检测后、恢复工作。

● 发动机熄火，拔下燃油泵继电器,起动发动机数次,卸压。

● 拆下燃油压力表,恢复管路压力测试。

● 安装燃油泵继电器（图4-22）。

图4-22　安装燃油泵继电器

3. 检查发动机进气系统故障

（1）检查空气滤清器滤芯安装方向（图4-23）。

● 空气滤清器滤芯有安装方向要求,不能装反。

图4-23　检查空气滤清器滤芯安装方向

续表

（2）检查空气滤清器到节气门体之间的管路卡箍是否安装到位(图 4-24)。

● 进气软管安装不到位会造成空气流量计计量失准、引起发动机工作不平稳。

图 4-24　检查空气滤清器进气管安装情况

（3）检查空气滤清器到节气门体之间的管路。

● 拆卸空气滤清器进气软管(图 4-25)。

图 4-25　拆卸空气滤清器进气软管

● 进气软管不得有裂纹(图 4-26)。

● 进气软管有裂纹或损坏造成进气系统有空气泄漏,会引起发动机工作不平稳。

图 4-26　检查空气滤清器进气软管

（4）检查节气门体是否安装到位(图 4-27)。

● 按规定力矩重新紧固节气门体。

● 节气门体安装不到位会造成进气系统有空气泄漏、引起发动机工作不平稳。

图 4-27　检查节气门体安装

（5）检查节气门体安装面密封圈(图 4-28)。

● 密封圈应无破损、硬化。

图 4-28　检查节气门安装面密封圈

（6）检查进气歧管拧紧力矩是否达到要求（图4-29）。

● 进气歧管安装不到位会造成进气系统有空气泄漏、引起发动机工作不平稳。

图 4-29　检查进气歧管安装力矩

（7）拆下进气歧管、检查进气歧管安装面密封圈是否完好（图4-30）。

图 4-30　检查进气歧管安装面密封圈

4. 检查蒸发排放与曲轴箱通风系统故障

（1）检查蒸发排放电磁阀安装情况（图4-31）。

● 在发动机进气管上找到蒸发排放电磁阀。

● 检查电磁阀插头是否牢固。

图 4-31　检查蒸发排放电磁阀安装情况

（2）检查碳罐电磁阀软管（图4-32）。

● 电磁阀通过软管连接到进气管。

● 软管无破裂,接头牢固。

图 4-32　检查碳罐电磁阀软管

续表

（3）检查曲轴强制通风管的安装情况。

● 曲轴强制通风管连接气门室盖与节气门体后方（图4-33）。

● 软管应无裂纹,接头密封圈良好（图4-34）。

图 4-33　检查曲轴强制通风管安装情况

图 4-34　检查软管密封圈

任务工单

发动机怠速不稳,加速无力故障的处理工作单

班级:_____　姓名:_____

序号	作业项目内容	作业标准记录	作业维修记录
1	检查点火系统	点火线圈连接器安装情况:松动□　牢固□ 点火线圈插头针脚:良好□　歪斜松动□	更换点火线圈插头□
		紧固点火线圈安装螺栓□ 点火线圈外观:完好□　破损□	更换点火线圈□
		紧固火花塞□ 火花塞陶瓷体:完好□　破损□ 火花塞间隙_____ mm　合格□　不合格□ 火花塞跳火:强□　弱□	更换火花塞□ 调整火花塞间隙□

续表

序号	作业项目内容	作业标准记录	作业维修记录
2	检查燃油系统	喷油器连接器安装情况:松动□　牢固□ 喷油器连接器针脚:良好□　歪斜松动□	更换喷油器连接器□
		喷油器密封圈:完好□　破损□ 喷油器进油口堵塞:有□　无□	更换喷油器密封圈□
		喷油器雾化情况:良好□　不良□	
	检测燃油压力	压力测试口防尘帽□ 拆压力测试口阀芯□ 安装燃油压力表□	更换喷油器□
		检测燃油压力_____ kPa 合格□　不合格□	检修燃油供给系统□
3	检查进气系统	空气滤清器滤芯安装方向:正确□　反向□ 空气滤清器进气管安装情况:牢固□　松动□ 空气滤清器进/出气软管:完好□　破裂□	更换进/出气软管□
		紧固节气门体安装螺栓□ 节气门体安装面密封圈:完好□　破损□	更换密封圈□
		紧固进气歧管安装螺栓□ 进气歧管安装面密封圈:完好□　破损□	更换密封圈□
4	检查发动机蒸发排放及曲轴箱强制通风	蒸发排放电磁阀插头安装情况:牢固□　松动□ 碳罐电磁阀软管:完好□　破损□	更换碳罐电磁阀软管□
		强制通风软管:完好□　破损□ 强制通风软管接头密封圈:完好□　破损□	更换强制通风软管□
5	作业质量验收	点火系统安装牢固□　燃油系统压力正常□ 进气系统安装牢固/无漏气□ 曲轴箱通风系统安装牢固/无漏气□ 故障现象依旧□	相关系统正常□ 返回生产部门□

任务 2　发动机运转过程中排气管冒蓝烟故障的处理

任务描述

车辆从生产线下线后起动发动机,发现汽车尾气为蓝色,使用诊断仪检测发动机控制系统,无故障代码。

任务目标

排除引起排气管冒蓝烟的故障,或找出引起故障的问题部件。

完成任务的关键知识

烧机油是指机油通过一定的途径进入了发动机的燃烧室,与混合气一起参与燃烧,主要表现为排气管冒蓝烟。

(1) 当发动机大负荷、高速运转时,排气管大量冒蓝烟,同时机油标尺孔也向外冒蓝烟,则为活塞环端隙、背隙和侧隙过大,或多个活塞环端隙对口、气环装反。

(2) 当发动机大负荷、高速运转时,排气管大量冒蓝烟,但机油标尺孔不向外冒蓝烟,而气门室罩向外冒蓝烟,则为气门油封漏装或损坏,把机油吸入了燃烧室。

(3) 若发动机热车,在怠速下排气管冒蓝烟,则为曲轴箱通风(PVC)阀漏装或损坏,将过量的机油蒸汽吸入了燃烧室。

完成任务的技能与流程

1. 气门油封问题引起故障的处理

(1) 使用压力表测试各缸压力(图 4-35)。

- 起动发动机约 4 s,气缸压力约为 12 bar。
- 比较各缸压力值,最大压力差为 1 bar(100 kPa)。
- 如果压力正常,则表明该缸气门油封故障。

图 4-35　观察压力表读数

（2）拆卸气门室罩（图4-36）。

● 按对角线方向分两次拧松气门室罩紧固螺栓。

● 取下气门室罩。

图4-36 拆卸气门室罩

（3）拆卸气缸盖（图4-37）。

● 按对角线方向分两次拧松气缸盖紧固螺栓。

● 取下气缸盖。

图4-37 拆卸气缸盖

（4）拆卸凸轮轴（图4-38）。

● 按对角线方向分两次拧松凸轮轴紧固螺栓。

● 取下凸轮轴。

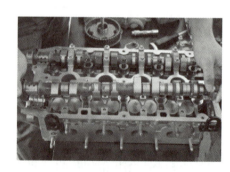

图4-38 拆卸凸轮轴

（5）拆卸气门（图4-39）。

● 取下气门挺柱。

● 使用专用工具将气门弹簧压缩。

● 拆下气门锁片，取出气门。

图4-39 拆卸气门

续表

（6）检查气门油封安装情况（图 4-40）。
- 目视油封是否安装到位。

图 4-40　检查气门油封安装

（7）检查气门油封有无损坏（图 4-41）。
- 目视油封有无裂纹，有无变形。
- 目视油封唇口有无破损，自紧弹簧有无扭曲。

图 4-41　检查气门油封

2. 活塞环问题引起故障的处理

（1）通过火花塞安装孔向气缸注入适量机油（图 4-42）。
- 使用机油壶向气缸内壁四周喷涂适量机油。

（2）用气缸压力表再次测量气缸压力，如果气缸压力正常，则检查活塞环。

图 4-42　向气缸加注机油

（3）拆卸油底壳（图 4-43）。
- 按对角线方向分两次拧松油底壳紧固螺栓。
- 取下油底壳。

图 4-43　拆卸油底壳

续表

（4）拆卸活塞（图4-44）。

- 拧松连杆轴承盖紧固螺栓。
- 取下连杆轴承盖。
- 使用橡胶锤把柄将活塞推出气缸。

图4-44　拆卸活塞

（5）检查活塞环开口方向（图4-45）。

图4-45　检查活塞环开口方向

活塞环开口方向应按照维修手册中规定角度错开（图4-46）。

- 使活塞"TOP"标记朝上。
- 第一个活塞环（右侧环）在位置（1）中。
- 第二个活塞环（精密环）在位置（2）中。
- 油环刮片的过渡环在位置（3）中，油环刮片的钢环在位置（4或5）中。

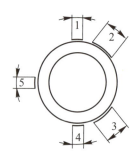

图4-46　调整活塞环开口方向

（6）测量活塞环端隙（图4-47）。

- 将活塞环置于规定位置。
- 使用塞尺测量活塞环端隙。
- 矩形压缩环（1）：0.20~0.40 mm。
- 锥形压缩环（2）：0.40~0.60 mm。
- 刮油环（3）：0.25~0.75 mm。

图4-47　测量活塞环端隙

续表

（7）测量活塞环侧隙（图 4-48）。

- 使用塞尺测量活塞环侧隙。
- 矩形压缩环（1）：0.04～0.08 mm。
- 锥形压缩环（2）：0.03～0.07 mm。
- 刮油环（3）：0.03～0.13 mm。

图 4-48　测量活塞环侧隙

3. 曲轴箱通风 PVC 阀引起故障的处理

（1）检查 PVC 阀安装情况（图 4-49）。

- 检查 PVC 阀安装是否到位。
- 检查 PVC 阀到进气管之间空气管是否破裂或接头漏气。

图 4-49　检查 PVC 阀安装情况

（2）检查 PVC 阀是否堵塞（图 4-50）。

- 从有螺纹侧向另一侧吹气，应导通，能吹动为正常。
- 从没有螺纹侧向另一侧吹气，应截止，吹不动为正常。

图 4-50　检查 PVC 阀

任务工单

发动机运转过程中排气管冒蓝烟故障的处理工作单

班级：_____　　姓名：_____

序号	作业项目内容	作业标准记录	作业维修记录
1	发动机信息	汽油机□　柴油机□ PCV 系统□　EGR 系统□	

续表

序号	作业项目内容	作业标准记录	作业维修记录
2	观察发动机燃烧情况	大负荷冒蓝烟□　发动机怠速冒蓝烟□ 机油标尺孔冒蓝烟□	发动机烧机油□
3	检测气缸密封性	检测气缸压力:1缸_____kPa　2缸_____kPa 　　　　　　　　3缸_____kPa　4缸_____kPa 1缸□　2缸□　3缸□　4缸□　不合格	检查气门油封□ 检测活塞环□
4	检查气门油封	检查气门油封安装情况:松动□　牢固□ 检查气门油封有无损坏:完好□　破损□	更换气门油封□
5	检测活塞环	向气缸加注机油,检测气缸压力_____kPa 合格□　不合格□ 拆除发动机进排气歧管□ 拆下发动机缸盖□ 检查活塞环开口方向　正确□　不正确□ 活塞环端隙对口　　□ 测量活塞环端隙_____mm　合格□　不合格□ 测量活塞环侧隙_____mm　合格□　不合格□	更换活塞环□
6	检查PVC系统	检查PVC阀安装情况　松动□　牢固□ 检查PVC阀是否堵塞　堵塞□　无堵塞□	更换PVC阀　□
7	作业质量验收	气缸压力正常□　气门油封安装到位/无损坏□ 活塞环间隙正确□　故障现象依旧□	系统正常□ 返回生产部门□

项目五

发动机润滑和冷却不足故障的诊断与处理

项目概述

汽车装配下线后,试车员要对该车的润滑系统和冷却系统做最后的检查,包括润滑油压不足机油压力警告灯是否点亮、冷却系统温度过高等项目,以发现装配过程或零部件中的问题,保证出厂产品质量。

项目目标

知识目标	1. 熟悉汽车大修竣工出厂技术条件 GB/T 3798—2005。 2. 知道润滑系统压力过低的常见制造故障的原因。 3. 知道冷却系统冷却不足的常见制造故障的原因。
技能目标	1. 学会润滑系统主要部件的检测。 2. 学会润滑系统机油压力的检测。 3. 学会冷却系统主要零部件的检测。
能力目标	会分析润滑油压过低、机油压力警告灯点亮、冷却系统冷却不足等故障。

项目教学资源

教学整车 2 辆(丰田卡罗拉 2011 款 1.6AT),举升机 2 台。

项目预备知识

1. 润滑系统的技术要求

(1)机油量及机油质量(型号)要符合标准。

(2)发动机在怠速时机油压力一般不小于 100 kPa,在 3 000 r/min 运转时的机油压力一般在 3~4 kPa。

（3）机油压力过低,会使机件的摩擦表面得不到良好的润滑,加速机件的磨损,严重时会烧轴承。机油压力过高也不正常,但比较少见,机油压力过高会造成机油消耗量大,滤清器结合面漏油。

2. 冷却系统的技术要求

（1）冷却液质量(型号)要符合标准,节温器的打开温度、升程、关闭温度要符合标准。

（2）冷却系统的故障主要是液温不正常(过低或过高)和冷却液泄漏,其中液温不正常可能是由冷却系统的故障引起的,也可能是其他系统的故障所导致(如发动机点火过迟)。

（3）水温表指示在红色区域(100℃以上),散热器有开锅现象,为液温过高。水温表指示在中下部区域(80℃以下),为液温过低。

任务 1　发动机机油压力报警灯亮,润滑油压偏低故障的处理

任务描述

新车下线后发动机怠速运转时,机油压力报警灯常亮,润滑油压偏低,发动机有轻微的气门噪声。

任务目标

会排除润滑系统造成机油压力报警灯亮的故障或能找到问题部件。

完成任务的关键知识

导致机油压力报警灯亮润滑油压偏低的故障原因有:

（1）装配问题:① 机油加注量不足;② 机油滤清器安装不到位,泄漏。

（2）零部件质量问题:① 机油泵损坏;② 机油滤清器或集滤器内部堵塞。

（3）电路故障。机油压力传感器损坏或线路短路、断路。

完成任务的技能与流程

1. 排除由于机油泄漏引起的故障

（1）检查机油液位(图 5-1)。

● 发动机暖机后,停机 5 min,拔出机油标尺,检查液位是否在上限与下限之间。

图 5-1　检查机油液位

续表

（2）检查机油泄漏。

● 起动发动机后，举升车辆。

● 检查放油螺栓处有无明显泄漏（图 5-2）。若泄漏则更换放油螺栓密封垫，按规定力矩紧固放油螺栓。

● 检查机油滤清器处有无明显泄漏（图 5-3）。若泄漏则更换机油滤清器，并按规定力矩拧紧。

图 5-2　检查放油螺栓

图 5-3　检查机油滤清器

2. 处理机油压力传感器及线路问题引起的故障

（1）检查机油压力传感器安装情况（图 5-4）。

● 先拆下左前轮。

● 检查机油压力传感器安装是否到位，有无明显泄漏。若有，在传感器螺纹上涂密封胶后重新安装。

图 5-4　检查机油压力传感器安装情况

（2）检查机油压力传感器插头安装情况（图 5-5）。

● 检查插头有无松动。

图 5-5　检查机油压力传感器插头安装情况

续表

（3）检查机油压力传感器（图 5-6）。

● 关闭点火开关，断开机油压力传感器插头。

● 使用万用表测量电阻。

电阻标准值：

压力传感器端子与壳体间的阻值：怠速运转，10 kΩ 或更大；发动机停机，小于 1 Ω。

图 5-6　测量机油压力传感器电阻

（4）更换机油压力传感器（图 5-7）。

● 关闭点火开关，使用 24 mm 扳手拆卸传感器。

● 在压力开关螺纹上抹上黏合剂，标准力矩 15 N·m。

注意：安装后至少 1 h 内不能起动发动机。

图 5-7　拆卸机油压力传感器

3. 处理由于润滑系统部件损坏引起的故障

（1）拆下机油压力传感器。

（2）安装机油压力表（图 5-8）。

● 使用机油压力表套装，选择相同规格的接头，按照标准扭矩紧固。

图 5-8　安装机油压力表

（3）检查油压（图 5-9）。

● 起动发动机暖机，检查油压是否正常。

● 检查时注意发动机传动带转动部分，以免发生危险。

机油压力标准：

怠速运转时，25 kPa 或更高；

3 000 r/min 时，150～550 kPa。

图 5-9　检查油压

续表

（4）若机油压力过低,则更换机油泵和集滤器。

● 先排放机油。

● 拆卸油底壳（图 5-10）。

● 更换机油泵及集滤器（图 5-11）。

图 5-10　拆卸油底壳

图 5-11　更换机油泵及集滤器

（5）重新安装油底壳,并加注机油（图 5-12）。

● 安装油底壳前,清除原表面旧的填料,抹上新的密封胶。

● 油底壳螺栓拧紧力矩:10 N·m。

● 加注规定量的机油。

图 5-12　加注机油

（6）起动发动机,检查是否漏油（图 5-13）。

图 5-13　检查是否漏油

（7）重新测量机油压力,若机油压力正常,拆下机油压力表,装回机油压力传感器（图 5-14）。

● 在压力开关螺纹上抹上黏合剂,标准力矩 15 N·m。

注意:安装后至少 1 h 内不能起动发动机。

图 5-14　安装机油压力传感器

任务工单

发动机机油压力报警灯亮,润滑油压偏低故障的处理工作单

班级:_____　姓名:_____

序号	作业项目内容	作业标准记录	作业维修记录
1	发动机信息	汽油机□　柴油机□ 自然吸气式□　涡轮增压式□	
2	检查机油液位	发动机暖机□ 机油液位:正常□　不足□	添加机油□
3	检查机油泄漏	放油螺栓泄漏:是□　否□	更换放油螺栓密封垫□
		机油滤清器泄漏:是□　否□	更换机油滤清器□
4	检查机油压力传感器	拆下左前轮□	更换机油压力传感器□
		机油压力传感器安装:到位□　泄漏□	
		机油压力传感器插头安装:牢固□　松动□	
		机油压力传感器电阻_____Ω 合格□　不合格□	
5	更换机油压力传感器	拧紧力矩_____N·m 螺纹涂抹黏合剂□	
6	检查机油压力	拆除机油压力传感器□ 安装机油压力表□	
		机油压力怠速运转_____kPa 机油压力 3 000 r/min 运转_____kPa 机油压力:合格□　不合格□	
7	更换机油泵	排放机油□　拆下油底壳□	更换机油泵□
		更换机油泵与集滤器□	
		添加机油型号_____　机油量_____L	

续表

序号	作业项目内容	作业标准记录	作业维修记录
8	重新测量机油压力	机油压力怠速运转_____ kPa 机油压力 3 000 r/min 运转_____ kPa 机油压力:合格□　不合格□	
9	作业质量验收	机油液位正确□　机油压力传感器良好□ 机油泵良好□　故障现象依旧□	润滑系统正常□ 返回生产部门□

任务 2　发动机冷却液温度过高故障的诊断与处理

任务描述

新车下线后发动机怠速运转一段时间,冷却液温度表指示接近红线。

任务目标

会排除发动机冷却液温度过高的故障,或找到引起冷却液温度过高的问题部件。

完成任务的关键知识

导致冷却液温度过高的原因有:

(1)装配问题:① 冷却液不足或冷却液泄漏,导致冷却系统散热不足;② 散热风扇驱动带过松或安装方向反向。

(2)冷却系统部件质量问题:① 冷却液温度传感器故障;② 电控冷却风扇不转或转动无力;③ 节温器故障,导致冷却系统大小循环不能正常切换;④ 水泵或水泵密封圈损坏。

完成任务的技能与流程

1. 处理冷却系统泄漏的故障

(1)检查冷却液液位(图 5-15)。

● 冷却液液位应在储液罐 FULL~LOW 之间。

图 5-15　检查冷却液液位

（2）检查散热器泄漏

- 检查散热器表面是否泄漏和污染（图5-16）。
- 检查冷却液排放塞有无泄漏（图5-17）。
- 将车辆举升后从车下检查。

图5-16   检查散热器

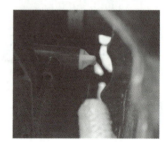

图5-17   检查冷却液排放塞

（3）检查冷却水管。

- 检查散热器出水管和接头是否泄漏（图5-18）。

图5-18   检查散热器出水管和接头

- 检查散热器进水管和接头是否泄漏（图5-19）。

图5-19   检查散热器进水管和接头

- 检查缸盖出水管和接头是否泄漏（图5-20）。

图5-20   检查缸盖出水管和接头

续表

- 检查暖风水管和接头是否泄漏(图 5-21)。

图 5-21　检查暖风水管和接头

(4) 检查水泵。

- 检查水泵周围有无明显泄漏(图 5-22)。若有明显泄漏,则应更换水泵。

- 检查水泵传动带张紧度(图 5-23),以 98 N·m压下传动带,下移量不大于 9 mm。否则应重新调整传动带张紧度,或更换传动带张紧轮(图 5-24)。

图 5-22　检查水泵周围

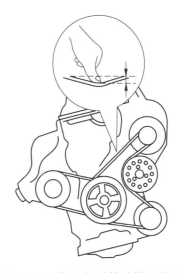

图 5-23　检查水泵传动带张紧度

图 5-24　传动带张紧轮

续表

2. 处理冷却液温度传感器引起的故障

（1）检查冷却液温度传感器插头安装情况（图5-25）。

● 冷却液温度传感器插头应牢固无松动。

图 5-25　检查冷却液温度传感器插头

（2）拆卸冷却液温度传感器（图5-26）。

● 拆卸冷却液温度传感器前应先排放冷却液。

● 冷却液温度传感器装配扭矩：20 N·m。

图 5-26　拆卸冷却液温度传感器

（3）测量传感器电阻（图5-27）。

● 20℃，电阻 2.32~2.59 kΩ。

● 80℃，电阻 0.310~0.326 kΩ。

● 测试时不要让水进入传感器端子里，测试后保持传感器干燥（图5-28）。

若冷却液温度传感器阻值不符，应更换。更换后起动发动机检查该处有无泄漏。

图 5-27　测量传感器电阻

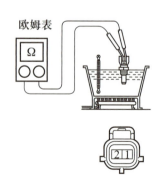

图 5-28　测量传感器电阻示意图

3. 处理风扇不转或转速不足故障

（1）拔下冷却风扇插头（图 5-29）。

图 5-29　拔下冷却风扇插头

（2）测试风扇（图 5-30）。

● 使用测试线测试风扇是否工作。

● 将风扇两个端子通过测试线连接到蓄电池，注意正负极，检查转动情况。风扇应旋转有力（图 5-31）。

● 若风扇旋转不良，应更换。

图 5-30　测试风扇

图 5-31　检查风扇转动情况

4. 处理节温器损坏故障

（1）拆卸进水口（图 5-32）。

● 拆下进水口固定螺栓，取下进水口（图 5-33）。

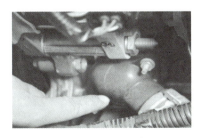

图 5-32　拆卸进水口

续表

- 进水口固定螺栓通常有两个,扭矩:10 N·m。

图 5-33　拆卸进水口螺栓

（2）取出节温器和衬垫(图 5-34)。

图 5-34　取出节温器和衬垫

（3）检查节温器外观(图 5-35)。
- 节温器外观应完好。

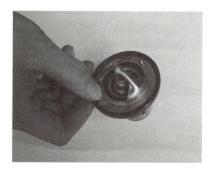

图 5-35　检查节温器外观

（4）检测节温器阀门开启温度(图 5-36)。
- 将节温器放入水中,然后将水逐渐加热检测节温器阀门开启温度。
- 节温器开启温度标准:80~84℃。
若不符合规定,更换节温器。

图 5-36　检测节温器阀门开启温度

（5）检查节温器阀门升程(图5-37)。

● 在95℃时升程为10 mm或更大。若不符合规定,更换节温器。

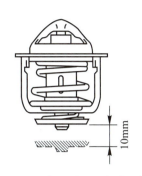

图5-37　检查节温器阀门升程

任务工单

发动机冷却液温度过高故障的诊断与处理工作单

班级:_____　姓名:_____

序号	作业项目内容	作业标准记录	作业维修记录
1	发动机信息	风冷□　水冷□ 普通风扇□　硅油离合风扇□ 电磁风扇□	
2	检查冷却液液位	正常□　不足□ 标准:在FULL~LOW之间□	补足冷却液□
3	检查冷却系统泄漏	散热器损坏□　排放塞泄漏□ 起动发动机□ 散热器进/出水管泄漏:是□　否□ 缸盖出水管泄漏:是□　否□ 暖风进出水管泄漏:是□　否□ 水泵周围泄漏:是□　否□	重新安装进出水管□ 更换水泵□
4	检查水泵传动带张紧度	以98 N·m传动带下移_____ mm 合格□　不合格□	调整传动带张紧度□ 更换张紧轮□

续表

序号	作业项目内容	作业标准记录	作业维修记录
5	检查冷却液温度传感器	冷却液温度传感器插头安装情况:牢固□　松动□	更换冷却液温度传感器□
		排放冷却液□　拆卸冷却液温度传感器□	
		传感器电阻_____ Ω（20℃）_____ Ω（80℃）合格□　不合格□	
6	更换冷却液温度传感器	安装扭矩_____ N·m	
7	检查冷却风扇	拔下冷却风扇插头□ 风扇两个端子通过测试线连接到蓄电池□	
		风扇转动:正常□　无力□　无法转动□	
8	检查节温器	拆卸进水口□　固定螺母□ 取出节温器和衬垫□	更换节温器□
		节温器外观检查□ 节温器开启温度_____℃　阀门升程_____ mm 合格□　不合格□	
9	复位检查	泄漏点:有□　无□	
10	作业质量验收	冷却液位正常□　冷却风扇良好□ 水泵/冷却液温度传感器良好□　节温器良好□ 泄漏点无□　故障现象依旧□	冷却系统正常□ 返回生产部门□

项目六

汽车传动系统故障的诊断与处理

项目概述

汽车装配下线后,试车员要对该车的动力传动系统性能做最后的检查,包括离合器接合和分离、变速器换挡情况、传动轴抖动和噪声等项目,以发现装配过程或零部件中的问题,保证出厂产品质量。

项目目标

知识目标	1. 熟悉汽车大修竣工出厂技术条件 GB/T 3798—2005 中对传动系统的要求。 2. 知道整车传动系统常用的路试方法。 3. 知道引发传动系统常见故障的制造原因。
技能目标	1. 学会传动系统的简单路试。 2. 学会传动系统主要零部件的检测。 3. 学会传动系统主要零部件的更换与调整。
能力目标	1. 会分析离合器分离不彻底、抖动和打滑的原因。 2. 会分析变速器挂挡困难、传动轴抖动和噪声等故障产生的原因。

项目教学资源

教学整车 1 或 2 辆,举升机(双柱或剪式)1 或 2 台。

项目预备知识

1. 对离合器的技术要求

(1)离合器踏板在动作时,不应与其他非相关件发生干涉,放松踏板能迅速回位。

(2)离合器应接合平稳、分离彻底、操作轻便、工作可靠,不得有异响、打滑或发抖现象;踏板力不大于 300 N。

2. 对变速器的技术要求

（1）手动变速器应换挡轻便、准确可靠、无异响,正常工况下不过热。

（2）自动变速器的操纵装置除位于 P、N 外的任何挡位,发动机均应不能起动;当位于 P 挡时,应有驻车锁止功能;车辆行驶中能按规定的换挡点进行升、降挡;换挡平顺、不打滑、无异响。

3. 对传动轴和驱动桥的技术要求

（1）传动轴及中间轴承应工作正常,无松旷、抖动、异响及过热现象。

（2）主减速器和差速器应工作正常,无异响,正常工况下不过热。

4. 主要量具

直尺,如图 6-1 所示。

游标卡尺,如图 6-2 所示。

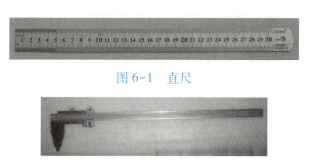

图 6-1　直尺

图 6-2　游标卡尺

任务 1　离合器打滑故障的诊断与处理

任务描述

新车下线后用低速挡一挡起步时,放松离合器踏板后,汽车起步困难,用低速挡二挡不能起步;汽车加速行驶时,车速不能随发动机转速的提高而提高,感到行驶无力,严重时产生焦煳味或冒烟等现象。

任务目标

会排除离合器打滑的故障,或找到引起离合器故障的问题部件。

完成任务的关键知识

导致离合器打滑的原因：

（1）离合器踏板没有自由行程。离合器踏板自由行程指分离轴承与分离杠杆间的间隙在踏板上的反映(图 6-3、图 6-4、表 6-1)。汽车在行驶过程中,因颠簸振动或驾驶员常轻踏踏板的坏习惯,使分离轴承压在分离杠杆上,使分离杠杆克服弹簧的作用,造成压盘的压力不足,摩擦片打滑。

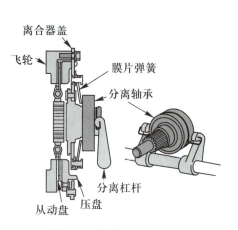

图 6-3　离合器操纵机构

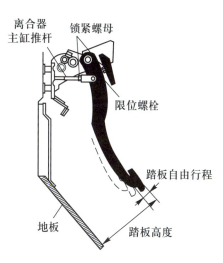

图 6-4　离合器踏板高度与自由行程

表 6-1　离合器踏板自由行程及分离轴承与分离杠杆间隙

车型	离合器踏板自由行程	分离轴承与分离杠杆间隙
载重货车	30~40 mm	3~4 mm
轿车	15~25 mm	2.5 mm

(2) 曲轴后油封漏油,导致离合器和从动盘之间的工作表面被机油污染。

(3) 离合器总成质量问题。包括从动盘摩擦片不合格、膜片弹簧或离合器压紧螺旋弹簧弹力过弱等。

完成任务的技能与流程

1. 处理离合器没有自由行程引起的故障

(1) 测量离合器自由行程。

① 将直尺放在离合器踏板旁边,并使一端抵在汽车地板上,读取高度数值 A,如图 6-5 所示。

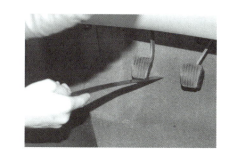

图 6-5　用直尺测量离合器踏板高度读取 A 值

② 压动离合器踏板至刚好消除自由行程,再次读取数值 B,如图 6-6 所示。

③ 离合器踏板自由行程=$A-B$

标准:

载重车:30~40 mm。

轿车:15~25 mm。

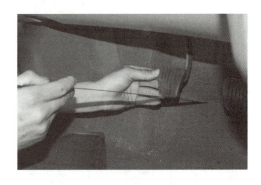

图 6-6 压踏板消除自由行程测量读取 B 值

(2) 调整机械操纵式离合器踏板自由行程。

● 通过旋转离合器拉索与分离杠杆的调整螺母进行调整,如图 6-7、图 6-8 所示。

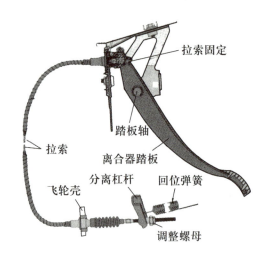

图 6-7 离合器绳索式操纵机构

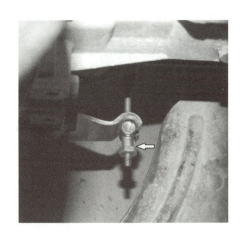

图 6-8 转动调整螺母调整离合器踏板自由行程

（3）离合器液压式操纵机构主要由总泵、分离泵及管路组成。

● 大部分车辆无需调整踏板自由行程。

● 有些车辆需要调整,调整部位在总泵(主缸)推杆与踏板连接处的调整螺母,如图 6-9 所示。

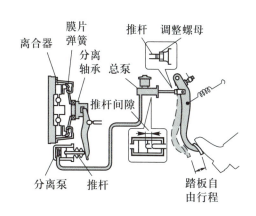

图 6-9　离合器液压式操纵机构的调整

2. 处理离合器从动盘机油污染故障

（1）先拆除发动机飞轮壳护板,如图 6-10 所示。

（2）观察飞轮和飞轮壳的接合部位有无油污,如图 6-11 所示。

● 若有油污则说明曲轴后油封漏油,可能污染了离合器摩擦片。

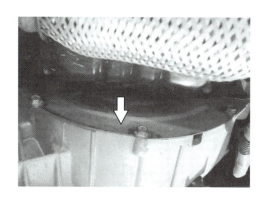

图 6-10　拆除飞轮壳护板

图 6-11　观察飞轮和飞轮壳的接合部位有无油污

（3）拆下离合器总成。

• 首先从车上拆下离合器总成,如图6-12所示。

• 在离合器壳和飞轮上做好装配记号。

• 均匀拧松离合器螺栓,在拆卸最后一个螺栓时支撑住离合器,如图6-13所示。

图6-12　从车上拆下离合器总成

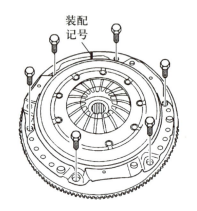

图6-13　做标记并拧下离合器螺栓

（4）观察发动机飞轮和离合器从动盘摩擦片表面有无油污,如图6-14所示。

• 从动盘摩擦片上有机油(图中条纹状油迹)说明发动机曲轴后油封漏油。

• 维修发动机,更换发动机后油封。

图6-14　观察飞轮与离合器从动盘摩擦片表面有无油污

（5）安装离合器总成。

• 在离合器及飞轮上安装定心轴,一般用变速器一轴,如图6-15所示。

• 安装离合器从动盘和压盘。

图6-15　在离合器及飞轮上安装定心轴

续表

● 对准标记均匀拧紧离合器固定螺栓,如图 6-16 所示。	 图 6-16　拧紧离合器固定螺栓

任务工单

离合器打滑故障的诊断与处理工作单

班级:_____　姓名:_____

序号	作业项目内容	作业标准记录	作业维修记录
1	汽车起步和加速检查	低速挡二挡起步　正常□　无法起步□ 汽车急加速,车速响应:良好□　缓慢□	离合器打滑□ 离合器正常□
2	离合器自由行程测量	踏板高度_____ mm　合格□　不合格□	调整踏板高度□ 调整踏板自由行程□ 调整行程余量□
		踏板自由行程_____ mm　合格□　不合格□	
		踏板行程余量_____ mm　合格□　不合格□	
3	调整离合器自由行程	机械操纵:调整拉索与分离杠杆的调整螺母□ 踏板自由行程_____ mm	合格□ 自由行程不合格,更换离合器总泵□
		液压操纵:调整离合器总泵推杆与踏板连接处□ 不可调整□ 踏板自由行程_____ mm	
4	离合器油污检查	拆下飞轮壳护板□	更换曲轴后油封□ 维修离合器□
		飞轮与飞轮壳接合处油污:有□　无□	
5	离合器拆卸与维修	拆下变速器□ 标记离合器与飞轮装配标记□ 清洗飞轮和离合器压盘□ 更换离合器从动盘□	

续表

序号	作业项目内容	作业标准记录	作业维修记录
6	离合器装配	离合器与飞轮装配标记对正□ 从动盘用一轴定位□ 均匀拧紧离合器壳紧固螺栓□	离合器装配合格□
		离合器壳紧固螺栓力矩_____N·m	
7	作业质量验收	低速挡二挡起步:正常□　无法起步□ 汽车急加速,车速响应:良好□　缓慢□ 故障现象依旧□	离合器正常□ 离合器打滑□
8	更换离合器总成	故障现象依旧□	返回生产部门□

任务 2　离合器分离不彻底故障的诊断与处理

任务描述

新车下线后发动机怠速运转时,踩下离合器踏板,挂挡有齿轮撞击声,且难以挂入;如果勉强挂上挡,则在离合器踏板尚未完全放松时,发动机熄火。

任务目标

会排除离合器分离不彻底的故障,或找到引起离合器分离不彻底故障的问题部件。

完成任务的关键知识

导致离合器分离不彻底的原因:

(1)离合器踏板自由行程过大,踩离合器踏板时,踏板大部分行程用于克服踏板的自由行程,推动拨叉运动不足(图6-17),没有让离合器处于完全分离状态。新车在下线的过程中,往往是因为推杆没有按规定要求安装,或者是离合器自由行程没有调整合适,而造成分离不彻底,如图6-18所示。

(2)膜片弹簧离合器膜片弹簧质量问题,各分离爪高度不一致。

(3)螺旋弹簧离合器分离杠杆调整不当,其内端不在同一个平面内。

(4)从动盘质量问题,从动盘钢片翘曲变形;或是安装问题,如正反面弄错。

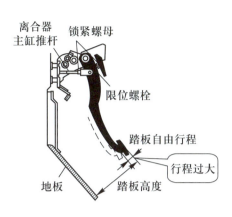

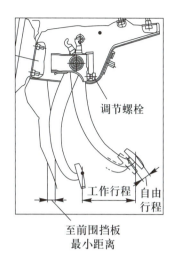

图 6-17　离合器踏板自由行程过大　　　图 6-18　离合器分离不彻底

（5）从动盘花键缺少润滑，与变速器第一轴花键轴存在卡滞。

（6）离合器液压操纵系统有空气渗入，离合器分离操作力不足。

完成任务的技能与流程

1. 处理离合器液压操作系统渗入空气故障

（1）反复踩下离合器踏板，感觉操作力，如图 6-19 所示。

● 若第一次踩下离合器踏板感觉绵软，但多次踩下离合器踏板后，感觉踏板坚实，说明离合器操纵系统渗入了空气。

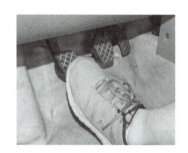

图 6-19　反复踩下离合器踏板

（2）液压离合器操纵系统排放空气。

液压离合器操纵系统如图 6-20 所示。

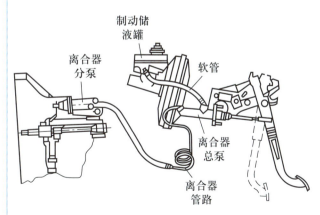

图 6-20　液压离合器操纵系统

- 离合器操纵系统排放空气一般都在离合器分泵处操作,如图 6-21 所示。

- 双人配合。

- 反复踩下离合器踏板,待离合器踏板感觉坚实后,踩住踏板不放。拧松离合器分泵上的放气螺钉。

- 连接制动液回收瓶,拧松离合器分泵上的放气螺钉,排出混有空气的制动液后拧紧放气螺钉。

- 重复以上步骤,并注意添加制动液。

图 6-21　液压离合器操纵系统空气排放处

2. 处理离合器分离杠杆(膜片弹簧分离爪)高度不一故障

(1)用游标卡尺测量膜片弹簧分离指的高度,如图 6-22 所示。

- 离合器处于接合状态,其分离指端与减振盘的高度差应小于 0.8~1.0 mm。

- 若高度差偏差太大,应更换离合器总成。

图 6-22　用游标卡尺测量膜片弹簧
分离指的高度

(2)用直尺测量螺旋弹簧离合器分离杠杆高度差,如图 6-23 所示。

- 在离合器接合状态下测量各个分离杠杆与减振盘的高度应符合技术要求。

- 各分离杠杆高度差≤0.2 mm。

图 6-23　用直尺测量螺旋弹簧离合器
分离杠杆高度差

（3）调整螺旋弹簧离合器分离杠杆高度,如图 6-24 所示。

● 通过分离杠杆上的调整螺母来调整高度差。

● 顺时针旋转调整螺母,增加分离杠杆高度;逆时针旋转调整螺母,减少分离杠杆高度。

图 6-24　分离杠杆高度的调整

3. 处理由离合器从动盘安装错误或质量问题引起的故障

（1）离合器从动盘正反面安装检查。

● 安装时要使从动盘上的扭转减振盘朝向离合器方向,图 6-25 所示。

图 6-25　安装从动盘时此面朝向离合器方向

（2）离合器从动盘翘曲检查,如图 6-26 所示。

● 将变速器竖直放置,输入轴向上。

● 将离合器从动盘安装到输入轴上,和分离轴承靠紧。

● 变速器空挡,转动输入轴。利用百分表和磁性表座检查。其端面跳动量<0.4 mm(距边缘 2.5 mm 处测量),否则更换从动盘。

图 6-26　离合器从动盘翘曲检查

任务工单

离合器分离不彻底故障的诊断与处理工作单

班级：_____   姓名：_____

序号	作业项目内容	作业标准记录		作业维修记录
1	离合器行程测量	踏板高度的测量_____ mm 合格□ 不合格□		间隙合格□ 自由行程□ 高度合格□
		踏板自由行程_____ mm 合格□ 不合格□		
		踏板面与地板之间的距离_____ mm 合格□ 不合格□		
2	离合器踏板操纵感觉检查	踏板坚实有力□ 踏板绵软□		液压操纵系统渗入空气□
3	离合器液压操纵系统排放空气	空气排放彻底□ 离合器踏板坚实□		
4	离合器分离杠杆高度检查	膜片弹簧分离指高度最大偏差_____ mm 合格□ 不合格□		更换离合器□ 调整分离杠杆高度□
		螺旋弹簧离合器分离杠杆最大高度偏差_____ mm 合格□ 不合格□		
		标准：分离杠杆高度差≤0.2 mm 分离指端高度差应小于0.8~1.0 mm		
5	拆卸离合器	做上安装位置标记□		
6	从动盘安装方向检查	从动盘安装方向 错误□ 正确□		
7	从动盘翘曲量检查	跳动量_____ mm 合格□ 不合格□		更换从动盘□
		标准：其端面跳动量<0.4 mm		
8	安装离合器总成	对准安装标记□ 均匀紧固螺栓□ 拧紧力矩_____ N·m		
9	作业质量验收	分离彻底□ 分离不彻底□		离合器操纵系统正常□ 返回生产部门□

任务 3　离合器起步发抖和异响故障的诊断与处理

任务描述

　　新车下线后汽车用低速挡起步时,按操作规程逐渐放松离合器踏板并徐徐踩下加速踏板,离合器不能平稳接合且产生抖振,严重时甚至整车产生抖振;离合器分离或接合时发出"哗、哗"的不正常的响声。

任务目标

　　会排除离合器起步发抖和异响的故障,或找到引起离合器起步发抖和异响故障的问题部件。

完成任务的关键知识

　　起步发抖的原因:

　　(1) 分离杠杆内端面不在同一个平面内。

　　(2) 从动盘质量问题。包括从动盘翘曲变形、扭转减振器损坏。

　　(3) 离合器质量问题。主要是压盘平面度误差过大,压紧弹簧弹力不均或个别弹簧折断,弹簧、离合器壳和压盘三者连接铆钉松动。

　　异响的原因:

　　分离轴承缺少润滑剂,造成干摩擦或轴承损坏。

完成任务的技能与流程

1. 处理离合器起步发抖的故障

　　(1) 检查离合器分离杠杆高度(见本项目任务 2)。

　　(2) 复紧离合器安装螺栓。

　　● 按规定力矩紧固离合器安装螺钉,如图 6-27 所示。

图 6-27　按规定力矩紧固离合器安装螺钉

（3）拆下离合器检查从动盘翘曲变形（见本项目任务2）。

（4）检查从动盘扭转减振器。

● 检查扭转减振弹簧是否松动，如图6-28所示。

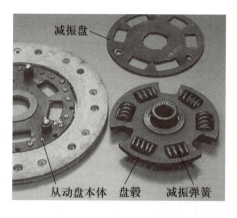

图6-28　检查扭转减振弹簧是否松动

（5）检查离合器压盘平面度。

● 离合器压盘平面度不应超过0.2 mm，检查方法可用刀口平尺和塞尺测量，如图6-29所示。

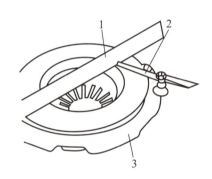

图6-29　离合器压盘平面的检查

1—刀口平尺；2—塞尺；3—离合器压盘

（6）检查弹簧、离合器壳和压盘三者连接铆钉有无松旷。

● 膜片弹簧离合器检查部位如图6-30所示。

图6-30　膜片弹簧离合器连接铆钉的检查

续表

● 螺旋弹簧离合器检查部位如图 6-31 所示。

图 6-31　螺旋弹簧离合器传动片铆钉的检查

（7）检查发动机飞轮的跳动量。

● 将百分表安装在发动机机体上,触头抵在飞轮的最外端,如图 6-32 所示。转动飞轮,飞轮的端面圆跳动量应小于 0.01 mm。

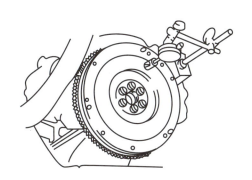

图 6-32　检查发动机飞轮的跳动量

2. 处理离合器异响故障

（1）拆下离合器分离轴承,如图 6-33 所示。

分离轴承

图 6-33　拆下离合器分离轴承

续表

续表

（2）检查分离轴承，如图6-34所示。

- 轴向推拉分离轴承内外圈，感觉有无间隙。
- 转动分离轴承内外圈，感觉有无卡滞。

分离轴承如有卡滞、间隙，更换。

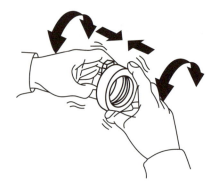

图6-34　检查分离轴承

（3）更换分离轴承（图6-35）。

- 用手尽量将分离拨叉前推，取出分离轴承。

图6-35　更换分离轴承

任务工单

离合器起步发抖和异响故障的诊断与处理工作单

班级：_____　　姓名：_____

序号	作业项目内容	作业标准记录	作业维修记录
1	离合器膜片弹簧	分离指最大高度差_____ mm 合格□　不合格□	更换离合器□ 调整离合器分离杠杆□
		膜片在同一高度　是□　否□	
	离合器分离杠杆测量	各分离杠杆最大高度差_____ mm 分离杠杆在同一高度　是□　否□	
2	复紧离合器安装螺栓	拧紧力矩_____ N·m 标准：依据维修手册数据	

续表

序号	作业项目内容	作业标准记录	作业维修记录
3	拆卸离合器总成	做安装标记□	
4	检查从动盘	减振弹簧折断　有□　无□ 从动盘翘曲量_____ mm 合格□　不合格□ 标准:其端面跳动量<0.4 mm	更换从动盘□
5	飞轮的检查	飞轮的跳动量_____ mm 合格□　不合格□ 标准:圆跳动量<0.01 mm	发动机维修□
6	离合器压盘的检查	压盘平面度误差_____ mm 合格□　不合格□	更换离合器总成□
7	检查分离轴承	良好□　损坏□	更换分离轴承□
8	安装离合器总成	对正安装标记□ 拧紧力矩_____ N·m	
9	作业质量验收	离合器弹簧良好□　离合器安装牢固□ 飞轮无异常□　离合器从动盘良好□ 分离轴承良好□　故障依然存在□	离合器性能良好□ 返回生产部门□

任务 4　手动变速器挂挡困难和异响故障的诊断与处理

任务描述

　　装配变速器后,在车辆路试过程中变速杆不能挂入所选挡位或挂挡困难,或者在变速器运转过程中有异响发出。

任务目标

知识目标	1. 知道技术规范对手动变速器操作性能的要求。 2. 知道变速器挂挡困难的基本原因。 3. 知道手动变速器异响的特征和原因。
技能目标	1. 会判断变速器挂挡困难的故障。 2. 会按工作流程进行变速器挂挡困难的检查。 3. 会按任务流程进行变速器异响的检查。
能力目标	1. 能根据变速器挂挡困难的故障原因制订诊断流程方案。 2. 能根据变速器异响的故障原因制订诊断流程方案。

教学资源

教学整车 4 辆或手动变速器及工作台架 4 套、工作台 4 个、世达工具套件、塞尺等工具。

完成任务的关键知识

1. 手动变速器挂挡性能要求

手动变速器在挂入所有挡位时,应挂挡行程适中,挂挡路线清晰,挂挡过程灵活,不能有打齿或阻力过大的现象。

2. 导致变速器挂挡困难和异响的原因

(1) 离合器分离不彻底。若离合器分离不彻底将导致变速器在挂挡时,发动机动力无法完全切断,会出现挂挡困难,打齿轮的现象。

(2) 变速器长距离操纵机构松旷、行程不当。导致变速器挂挡有效行程减小,挂挡不到位,出现车辆行驶过程中自动脱挡现象。

(3) 变速器自身质量问题。如变速器自锁装置过硬、齿轮加工问题或同步器损坏等,这些都会影响到挂挡操作。

3. 导致变速器工作发响的原因

变速器缺油或漏油、轴承松旷发响、齿轮制造精度差或齿轮副不匹配。

4. 手动变速器挂挡试验

(1) 挂挡测试　起动发动机,将离合器踏板完全踩下,依次挂入相应挡位,观察有无打齿现象,挂挡是否费力。

(2) 变速器路试　在汽车行驶过程中,变速器依次挂入相应挡位,在每个挡位通过油门让车速急剧变化,观察变速杆有无自动退回空挡位现象。

（3）变速器异响检查　将车辆举升到高位,起动发动机并挂入不同挡位,在车下利用听诊方式判断变速器有无异响。

5. 变速器的基本结构

（1）二轴式手动变速器结构(图 6-36)。

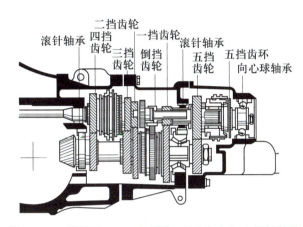

图 6-36　桑塔纳 2000 型轿车五挡手动变速器结构图

主要组成:动力输入轴(第一轴)、动力输出轴(第二轴)各挡齿轮、同步器等。

（2）变速器输入轴/输出轴零件分解图(图 6-37、图 6-38)。

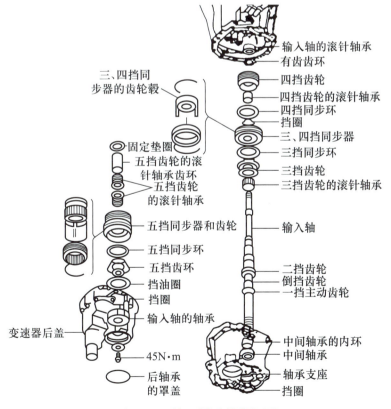

图 6-37　输入轴零件分解图

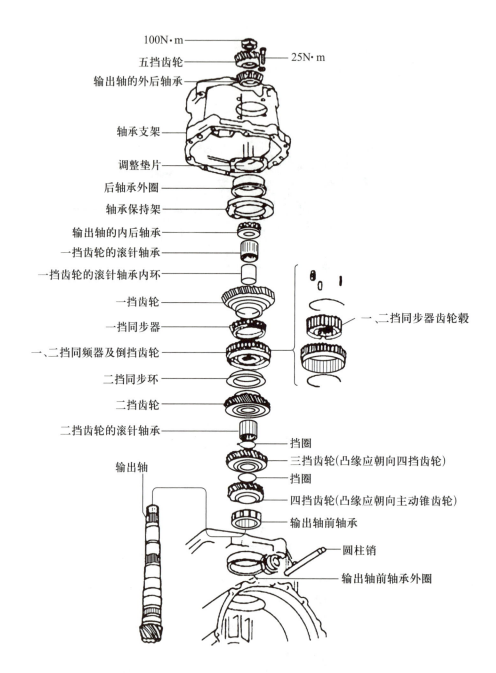

100N·m

五挡齿轮

25N·m

输出轴的外后轴承

轴承支架

调整垫片

后轴承外圈

轴承保持架

输出轴的内后轴承

一挡齿轮的滚针轴承

一挡齿轮的滚针轴承内环

一挡齿轮

一挡同步器

一、二挡同步器齿轮毂

一、二挡同频器及倒挡齿轮

二挡同步环

二挡齿轮

二挡齿轮的滚针轴承

挡圈

三挡齿轮(凸缘应朝向四挡齿轮)

输出轴

挡圈

四挡齿轮(凸缘应朝向主动锥齿轮)

输出轴前轴承

圆柱销

输出轴前轴承外圈

图6-38　输出轴零件分解图

完成任务的技能与流程

1. 变速器挂挡异常的故障处理

（1）检查变速器换挡手柄的安装情况,如图 6-39 所示。

- 手柄空挡位置准确。
- 用手晃动换挡手柄,无松旷感。

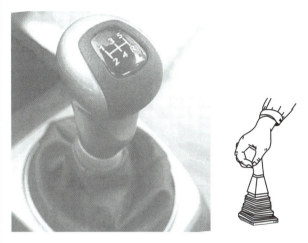

图 6-39　检查变速器换挡手柄的安装情况

- 若松旷,撬开变速器手柄盖,观察手柄球头是否松旷,如图 6-40、图 6-41 所示。

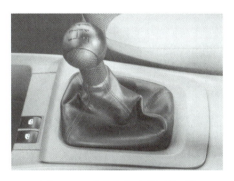

图 6-40　撬开变速器手柄盖

图 6-41　观察变速器手柄球头是否松旷

（2）检查变速器换挡操纵机构安装情况,如图6-42所示。

● 检查换挡拉索和选挡拉索与变速器连接处锁销是否牢固。

● 检查换挡拉索和选挡拉索与变速器连接处是否松旷。

● 选挡杆和换挡杆应活动自如。

● 检查变速杆手柄与换挡/选挡拉索的连接情况。应无松旷,锁销安装到位,如图6-43所示。

图6-42　检查换挡/选挡拉索与变速器连接处锁销是否牢固

图6-43　检查变速杆手柄与换挡/选挡拉索的连接情况

（3）若以上项目没问题,则检查离合器踏板自由行程,如图6-44所示。

● 轿车离合器踏板自由行程为15~20 mm。

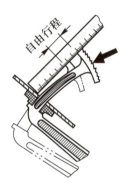

图6-44　检查离合器踏板自由行程

续表

（4）如果离合器自由行程正常,则换挡困难是由变速器质量问题引起的。

● 分解变速器,检查同步器同步环与锥体的接触状态和制动作用。

方法:在锥体上涂齿轮油,再把同步环推上锥体并进行回转检查,如图 6-45 所示,如环与锥体接合紧密则为良好,否则更换。

● 检查同步器的锁环与接合齿轮端的间隙值 A 是否符合标准（图 6-46）,其标准值见下表。

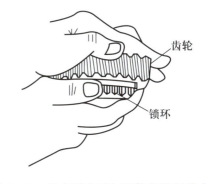

图 6-45　检查同步环与锥体的接触状态和制动作用

同步环	间隙值/mm
	新零件间隙值
一、二挡	1.10～1.17
三、四挡	1.35～1.90
五挡	1.10～1.17

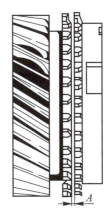

图 6-46　检查同步器锁环与接合齿轮端的间隙值 A

2. 变速器异响的故障处理

（1）检查变速器油液是否泄漏。

● 将车辆安全举升到高位,起动发动机,挂上挡位,使变速器持续运转。

● 观察变速器,检查变速器壳体接合平面处是否渗油、漏油,如图 6-47 箭头所示。

图 6-47　检查变速器壳体接合平面处是否渗油、漏油

（2）检查变速器加油螺塞处是否渗油、漏油，如图6-48所示。

图6-48　检查变速器加油螺塞处
是否渗油、漏油

（3）检查变速器壳体各紧固螺栓是否按规定扭矩紧固，如图6-49所示。

图6-49　检查变速器壳体各紧固螺栓
紧固情况

（4）用听诊的方式判断变速器异响情况

● 使用长起子或听诊器进行听诊，如图6-50所示。

① 轴承响：

● 一轴轴承响。无论挂入任何挡位均会发出一种无节奏的"呼隆呼隆"声，离合器踏板踩下后响声消失。

● 二轴轴承响。响声特点和一轴一致，但空挡不响。

② 齿轮响：

一般是尖锐、清脆的金属撞击声或挤压声。

图6-50　用听诊的方式判断变速器异响情况

续表

（5）检查变速器油面高度。

● 拧下变速器加油螺塞，如图 6-51 所示。

● 变速器壳体内的油面距加油口应为 0 ~ 5 mm，如图 6-52 所示。

图 6-51　拧下变速器加油螺塞

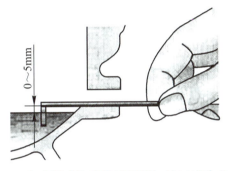

图 6-52　变速器壳体内的油面距加油口应为 0 ~ 5 mm

任务工单

手动变速器挂挡困难和异响故障的诊断与处理工作单

班级：_____　姓名：_____

序号	作业项目内容	作业标准记录	作业维修记录
1	变速器信息记录	手动变速器□　自动变速器□ 5 挡变速器□　6 挡变速器□ 两轴式变速器□　三轴式变速器□	
2	变速器油液检查	加注量：合格□　缺少□ 变速器润滑油型号_____	补充□
3	变速器泄漏检查	变速器壳体漏油：是□　否□ 放油螺栓漏油：是□　否□ 紧固变速器螺栓□	更换变速器□

续表

序号	作业项目内容	作业标准记录	作业维修记录
4	变速器换挡杆安装情况检查	手柄空挡位置:准确□　错位□ 手柄球头:紧度合适□　松旷□ 变速杆手柄与换挡/选挡拉索的连接: 松旷□　牢固□　锁销到位□　锁销缺失□	更换拉索或重新安装□
5	变速器换挡操纵机构安装情况检查	拉索与变速器连接处锁销:牢固□　松动□ 拉索与变速器连接处:牢固□　松旷□ 选挡杆和换挡杆活动自如:是□　否□	更换拉索或重新安装□
6	离合器踏板自由行程检查	自由行程_____ mm　合格□　不合格□ 标准:踏板自由行程为 15~20 mm。	调整离合器踏板自由行程□
7	变速器挂挡检查	挂挡困难 □　挂挡正常□	更换变速器□
8	变速器异响检查	有异响□　无异响□ 一轴轴承响□　二轴轴承响□ 齿轮响□	更换变速器□
9	作业质量验收	有异响□　无异响□	变速器性能正常□ 返回生产部门□

任务 5　传动轴发抖和异响故障的诊断与处理

任务描述

新车下线后车轮悬空,挂挡试车。发现传动轴发出周期性的响声,随转速升高响声越大、严重时车身抖动。

任务目标

会排除传动轴的异响和发抖的故障,或找到引起传动轴的异响和发抖故障的问题部件。

完成任务的关键知识

1. 传动轴检查方法

将受检车辆用举升机举至高位,并固定牢靠。起动发动机,挂上挡位,检查传动轴在不同挡位不同转速下的工作情况。要求传动轴不抖振、不发响,如有特殊要求可对传动轴进行动平衡试验。

对于前驱轿车,将方向盘打到左右极限位置起步,观察传动轴处有无尖锐的金属啸叫声发出。

2. 十字轴式万向节传动轴安装要求

传动轴在组装时必须满足以下两个等速传动条件,否则必然发响。

两个等速传动条件:

① 第一万向节两轴间夹角 α_1 与第二万向节两轴间夹角 α_2 相等,如图 6-53 所示。

② 第一万向节的从动叉与第二万向节的主动叉处于同一平面。

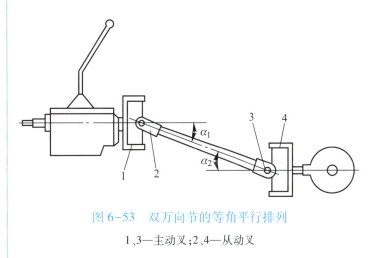

图 6-53　双万向节的等角平行排列

1、3—主动叉;2、4—从动叉

3. 传动轴抖动和异响的原因

(1) 传动轴动平衡不合格导致。在万向节和伸缩叉技术状况良好时,汽车行驶中发出周期性的响声,速度越高响声越大,甚至伴随有车身振动,握方向盘的手感觉麻木。主要原因是:① 传动轴上的平衡块脱落、传动轴弯曲或传动轴管凹陷;② 伸缩叉安装错位,造成传动轴两端的万向节叉不在同一平面内,不满足等速传动条件。

(2) 凸缘盘连接螺栓松动或万向节损坏松旷。在汽车起步或突然改变车速时,特别是踩下制动踏板减速时明显听到"咯啦、咯啦"的撞击声。

（3）中间支承安装不当或损坏。汽车运行中出现一种连续的"呜呜"响声，车速越高响声越大。

完成任务的技能与流程

量具：百分表、磁性表座、V 形铁，如图 6-54 所示。

图 6-54　百分表、磁性表座与 V 形铁

1. 前驱车用等速（球笼式）万向节传动轴检查

（1）就车检测。
- 举起车辆来回拉动车轮，检测传动轴万向节球笼松动情况，如图 6-55 所示。
- 举起车辆转动车轮，检测万向节钢球的磨损情况，如图 6-56 所示。

来回拉动

图 6-55　检测传动轴万向节球笼松动情况

图 6-56　检测万向节钢球磨损情况

续表

（2）车上直观观察。

· 检查传动轴外部的内外防尘罩有无破裂,如果出现破裂应给予更换,如图 6-57 所示。

· 检查卡箍的松紧情况,如果过松应用工具锁紧,如图 6-58、图 6-59 所示。

防尘罩检查

图 6-57　检查防尘罩有无破裂

图 6-58　检查防尘罩有无破裂及卡箍松紧情况

卡箍

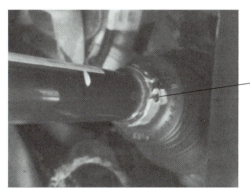

图 6-59　检查卡箍的松紧情况

（3）车辆极限转向检查。

· 若发现极限转向时,传动轴发出尖锐金属啸叫声,则要从车上拆下传动轴总成,更换,如图 6-60所示。

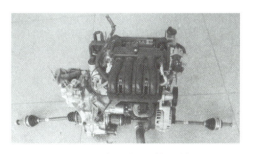

图 6-60　从车上拆下传动轴总成

2. 对于后驱驱动桥的传动轴与中间支承的检查

（1）紧固传动轴凸缘螺栓与中间支承螺栓，如图6-61所示。

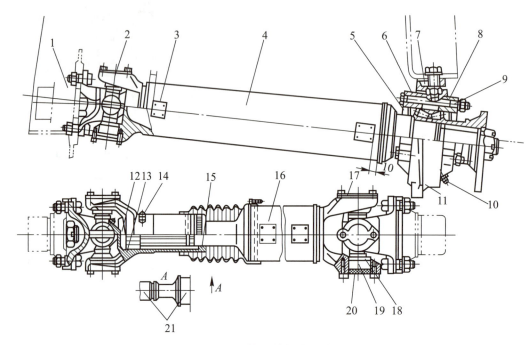

图6-61　传动轴与中间支承

1—凸缘叉；2—万向节十字轴；3—平衡片；4—中间传动轴；5、15—中间支承油封；6—中间支承前盖；7—橡胶垫片；
8—中间支承后盖；9—双列圆锥滚子轴承；10、14—油嘴；11—支架；12—堵盖；13—滑动叉；16—主传动轴；17—锁片；
18—滚针轴承油封；19—万向节滚针轴承；20—滚针轴承轴承盖；21—装配位置标记

（2）检查传动轴上的平衡片和变形情况（图6-62）。

- 平衡片不能缺失，传动轴不能有凹陷。

图6-62　传动轴上的平衡片位置

（3）检查伸缩节防尘套有无破裂，如图6-63所示。

图6-63　检查伸缩节防尘套有无破裂

续表

（4）检查中间支承是否漏油，如图 6-64 所示。	 图 6-64　检查中间支承是否漏油
（5）若传动轴在工作中还是有异响和抖动，应拆下传动轴进行跳动量的检测。 　● 将传动轴放在 V 形台架上。 　● 固定磁性表座。 　提示：一边转动传动轴一边观测百分表的跳动量，并记录，如图 6-65 所示。 　标准：圆跳动<0.8 mm。	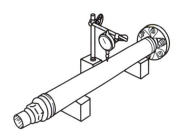 图 6-65　传动轴跳动量的检测

任务工单

传动轴发抖和异响故障的诊断与处理工作单

班级：_____　　姓名：_____

序号	作业项目内容	作业标准记录	作业维修记录
1	车辆驱动形式	前驱□　后驱□	
		十字轴式非等速万向节□ 球笼式等速万向节□	
2	后驱车传动轴外观的检测	平衡块正常□　平衡块脱落□	更换传动轴□ 更换伸缩套□ 更换中间支承□
		紧固传动轴凸缘螺栓□	
		传动轴：有明显变形□　无明显变形□	
		传动轴伸缩套：完好□　破裂□	
		传动轴中间支承：完好□　破裂□　漏油□	

续表

序号	作业项目内容	作业标准记录	作业维修记录
3	后驱车传动轴抖动、异响检查	举升车辆□　起动发送机,挂不同挡位□ 传动轴抖动/异响:有□　无□	
4	后驱车传动轴的跳动量检测	拆下传动轴□ 工具:百分表□　V形铁□ 传动轴跳动量_____mm 合格□　不合格□ 标准:圆跳动<0.8 mm	更换传动轴□
5	后驱车传动轴安装关系检查	万向节叉主—主—从　正确□　错位□ 伸缩节标记:正确□　错位□	重新组合传动轴□
6	前驱车驱动轴外观检查	紧固驱动轴凸缘螺栓□ 左驱动轴内外护套:完好□　破裂□ 右驱动轴内外护套:完好□　破裂□ 左驱动轴内外护套卡箍:完好□　破裂□ 右驱动轴内外护套卡箍:完好□　破裂□	更换护套□ 更换护套卡箍□
7	前驱车极限转向检查	有金属异响□　无金属异响□	更换驱动轴□
8	作业质量验收	传动轴无损坏□　传动轴安装牢固□ 各橡胶套完好□　传动轴抖动/异响无□ 故障现象依旧□	传动轴良好□ 返回生产部门□

项目七

汽车转向系统故障的诊断与处理

项目概述

    汽车装配下线后,试车员要对该车的转向性能做最后的检查,包括方向盘自由行程是否合适、方向盘转动力是否合适、路试转向系统有无低速摇摆等项目,以发现装配过程或零部件中的问题,保证出厂产品质量。

项目目标

知识目标	1. 知道对汽车转向系统的性能要求。 2. 熟悉《机动车运行安全技术条件》(GB 7258—2012)中关于转向系统的性能标准。 3. 知道整车转向系统常用的检测方法。 4. 知道引发转向系统常见故障的原因。
技能目标	1. 学会转向系统常用的静态检测、转向测力仪的使用和简单路试。 2. 学会转向系统主要零部件的检测。 3. 学会转向系统主要零部件的更换与调整。
能力目标	1. 能依据任务工单独立完成工作任务。 2. 通过反复学习形成处理类似问题的能力。

项目教学资源

    教学整车 1 或 2 辆,ZCA 型转向测力仪 1 套,转角盘 1 对、举升机(双柱或剪式)1 或 2 台。

项目预备知识

1. 对汽车转向系统的技术要求

汽车的方向盘应转动灵活,操纵方便,无阻滞现象。转向系统在任何操作位置上,不允许与其他部件有干涉现象。

汽车在平坦、硬实、干燥和清洁的路面上行驶不应跑偏,方向盘不应有摇摆、路感不灵等现象。

(1)对方向盘自由转动量的要求。

机动车方向盘的最大自由转动量从中间位置向左或向右的转角不得大于以下角度:① 最大设计车速大于或等于 100 km/h 的机动车为 15°;② 其他车辆为 20°。

(2)对方向盘转向力的要求。

对方向盘转向力的检测有两种方法,分别是路试检测和原地检测。

① 路试检测。

根据 GB 7258—2012《机动车运行安全技术条件》规定,机动车在平坦、硬实、干燥和清洁的水泥或沥青道路上行驶,以 10 km/h 的速度在 5 s 之内沿螺旋线从直线行驶过渡到直径为 24 m 的圆周行驶(图 7-1),施加于方向盘外缘的最大切向力不得大于 245 N。

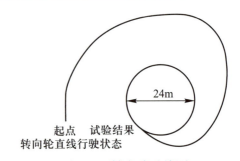

图 7-1 转向路试检测

② 原地检测:根据 GB 18565—2001《营运车辆综合性能要求和检验方法》规定,原地检测转向轻便性时,汽车转向轮置于转角盘上,转动方向盘使转向轮达到原厂规定最大转角,全过程中操纵力不得大于 120 N。

检测方法:顶起前桥,将两前轮置于转角盘上(图 7-2)。将转向测量仪安装在方向盘上,启动电源开关,按下"力测"按键,缓慢地将方向盘由一端尽头转动到另一端尽头,则仪器开始定时测量并显示仪器上的作用力矩 M。按下式算出方向盘轮缘上的转动力:

$$转动力 = \frac{M}{2r}$$

r—被测车辆方向盘的半径,m。

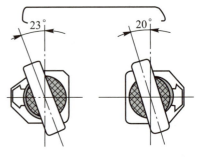

图 7-2 原地检测

2. 转向系统检测常用设备

（1）ZC-2A 型转向参数测试仪组成介绍。

ZC-2A 型转向参数测试仪由操作盘、主机、连接叉和定位器四部分组成（图 7-3）。操作盘由螺钉固定在底盘上，底盘经力矩传感器同连接叉相连，连接叉上有三只可伸缩的活动卡头，测试时与被测车辆的方向盘相连。主机固定在底盘中央，主机里装有力矩传感器、转角定位器和控制板，转角定位器由连接钩、橡皮筋、吸盘三部分组成，具有测试方向盘自由行程、转向角和转向力的功能。

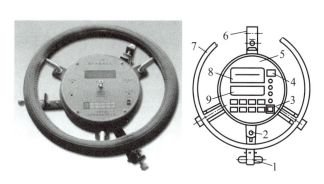

图 7-3　ZC-2A 型转向参数测试仪

1—固定杆；2—固定螺钉；3—电源开关；4—电压表；5—主轴箱；6—连接叉；7—操纵备用；8—打印机；9—显示器

（2）转向油压测试仪。

由阀门和高压油压表组成（图 7-4）。用于测量液压助力转向系统的油泵油压、空载油压和极限油压。

图 7-4　转向油压测试仪

任务 1　转向沉重故障的诊断与处理

任务描述

一辆标配液压助力转向的新车下线，汽车做原地转向检查，发现转向比较沉重。

任务目标

会排除液压转向助力不足的故障，或找到引起转向助力不足故障的问题部件。

完成任务的关键知识

汽车液压助力转向系统由助力转向油泵、管路和带有转向控制阀、液压缸和方向机的一体式转向助力器组成。转向助力是通过液压泵将机械能转化为液压能,再由液压能转变为驱动车轮转向的机械能。这中间任何一个环节出现问题都会导致转向沉重。

导致转向助力不足的原因有:

(1)液压助力转向油液不足或液压助力转向系统管路有泄漏。因此,油液不足或泄漏将直接导致液压下降,引起转向助力不足。

(2)液压助力转向系统油路中渗入空气。由于液体具有不可压缩性,因此液压能够顺利产生。由于空气具有可压缩性,当系统中混入了空气后,就会导致液压不足,引起转向助力不足。

(3)液压助力泵驱动带张紧度不够。液压助力转向油泵由发动机通过传动带驱动,如果传动带打滑就会导致油泵转速偏低,液压不足,引起转向沉重。

(4)转向助力泵或一体式转向助力器质量问题,内漏量过大,引起转向助力不足。

完成任务的技能与流程

1. 对车辆转向系统进行路试/原地检测

将转向参数测试仪安装到方向盘上(图7-5)。

- 将固定杆牢固拧在方向盘上。
- 操作测试仪进行车辆转向,测出车辆转向时的力矩。

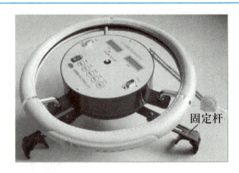

固定杆

图7-5　安装转向测试仪

2. 转向系统常规检查

(1)检查转向助力油液高度,转向助力油液位是由透明储油罐上的刻度指示的(图7-6)。

- 油温在66℃下,液面高度应介于MAX(最高)和MIN(最低)之间。
- 油液冷态,油温在21℃以下,液面高度应在MIN(最低)标记处以上。

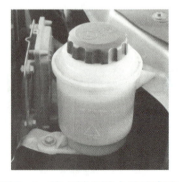

图7-6　检查转向助力油液高度

续表

（2）检查液压助力管路与方向机、助力泵接头处有无泄漏（图7-7）。

● 有泄漏更换管路接头。

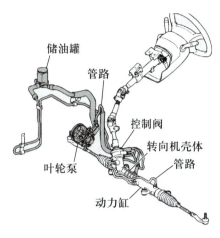

图 7-7　液压助力转向

（3）检查助力油泵传动带的安装张紧度（图7-8）。

● 现代车辆通常采用蛇形带,通过张紧轮自动确定传动带张紧度。在图示箭头位置用力按下张紧轮,感觉它的张紧度。

● 传动带张紧度也可以通过测量挠度来检查。使发动机熄火,用手按压传动带,在 30 cm 范围内,传动带的挠度应为 13 mm。

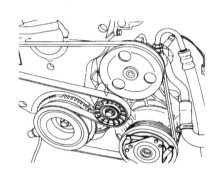

图 7-8　传动带检查

（4）排除转向系统中渗入的空气。

● 起动发动机,使其在怠速下运行,检查液面高度。

● 将方向盘从一侧打到另一侧,但不要打到底,如此反复。若有空气渗入,在储液罐液面上会有泡沫涌出,反复操作直到泡沫消失。

● 方向盘回到中间位置,发动机运转 2~3 min。

3. 由转向油泵问题或方向机内漏引起问题的处理

转向系统常规检查正常,但转向系统全行程或某个位置转向沉重,按以下流程操作。

（1）液压助力转向系统油压检测。

① 变速器位于空挡,拉紧手制动。

② 在发动机处于停机状态时,拆开油泵上的高压油管,将转向油压测试仪安装到转向油泵和转向器之间（图7-9）。

注意:

在连接测试仪的过程中,转向系统会进入空气,因此要进行排气操作,确保系统内没有空气。

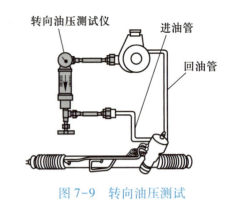

图7-9　转向油压测试

③ 发动机怠速运转,方向盘处于正前打直位置。将测试仪阀门全开,油压应在200~500 kPa之间。

- 如果油压过高,说明转向系统内有堵塞。
- 如果油压过低,说明转向助力泵损坏或系统泄漏。

④ 将测试仪阀门全闭,加速发动机至1 500 r/min,油压应在5~9 MPa之间。

- 如果油压过低,说明转向助力泵损坏,需更换助力泵。

注意:测试仪阀门关闭时间不能超过5~10 s,否则会损坏转向助力泵。

⑤ 将测试仪阀门全开,加速发动机至1 500 r/min,左右转动方向盘至极限位置,油压应能达到5~9 MPa之间,即步骤④所测得的油压值。

- 如果油压过低,说明转向器内部有泄漏,需更换方向机。

注意:方向盘在极限位置时间不能超过5~10 s,否则会损坏转向助力泵。

（2）更换助力油泵。

① 拆卸空气滤清器（图7-10）。

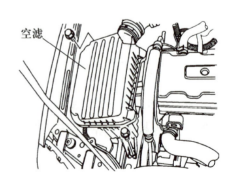

图7-10　拆卸空气滤清器

② 拆卸助力油泵传动带(图 7-11)。

● 用扳手逆时针转动张紧轮螺栓,以放松张紧力。

● 取下传动带。

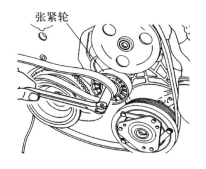

图 7-11　拆助力油泵传动带

③ 拆卸助力油泵与方向机的连接油管和助力油泵与支座的连接螺母(图 7-12)。

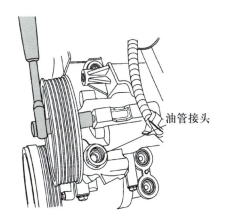

图 7-12　拆卸助力油泵

④ 取下助力油泵总成(图 7-13)。

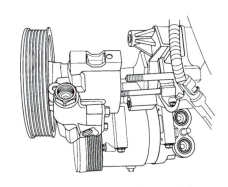

图 7-13　取下助力油泵总成

⑤ 更换转向助力油泵完成,进行系统放气。

(3) 更换方向机。

续表

① 断开方向机与助力油泵的高压油管(图7-14)。

注意:在方向机下发放置接油盘,接收动力转向油。

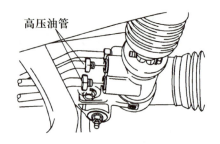

图 7-14　断开助力油泵管路

② 拆卸方向机与转向管柱的连接(图7-15)。

- 转动方向盘至正中位置。
- 松开防尘罩的固定卡箍。
- 在方向机小齿轮轴与转向管柱连接处做对正记号。

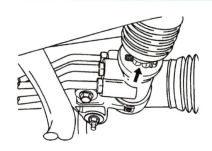

图 7-15　拆卸方向机管柱连接

③ 拆卸横拉杆与转向节的球头连接(图7-16)。

- 举升车辆,拆卸车轮。
- 拆下横拉杆与转向节连接球头锁紧螺母。
- 使用球头拆卸拉器,将球头和转向节分离。

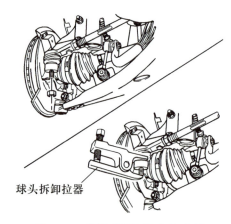

图 7-16　拆卸转向节球头连接

④ 从转向机安装架上拆卸螺栓和螺母,取下方向机总成(图7-17)。

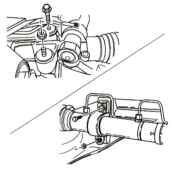

图 7-17　取下方向机总成

任务工单

转向沉重故障的诊断与处理工作单

班级:_____　　姓名:_____

序号	作业项目内容	作业标准记录	作业维修记录
1	车型信息记录	车型_____ VIN _____ 转向类型:人力机械转向□　　液压助力转向□ 电控液压助力转向□　　　　电动转向□	
2	转向性能检查	路试:转向力≥245 N□　　　转向力<245 N□ 原地测试:转向力≥120 N□　　转向力<120 N□	转向合格□ 转向沉重□
3	转向系统常规检查	动力转向液型号_____ 转向液量:过低□　过高□　合格□ 转向系统有无泄漏:　有□　无□ 传动带张紧度:合适□　过松□ 转向系统有无空气:有□　无□	调整转向液位□ 更换管接头密封圈□ 调整传动带张紧度□ 排放系统空气□
4	转向系统油压检查	截止阀全闭_____ kPa　全开_____ kPa 合格□　不合格□ 方向盘极限位置:左_____ kPa 右_____ kPa 合格□　不合格□ 标准:发动机 1 500 r/min 下测量 截止阀全闭油压 5 000~8 000 kPa 截止阀全开油压 200~500 kPa	助力油泵损坏□ 方向机故障□
5	更换助力油泵	更换新助力油泵□ 排放系统空气□ 截止阀全闭_____ kPa 合格□　不合格□ 方向盘极限位置:左_____ kPa 右_____ kPa 合格□　不合格□	转向合格□ 转向沉重□

序号	作业项目内容	作业标准记录	作业维修记录
6	更换方向机	更换新方向机□ 排放系统空气□ 方向盘极限位置:左_____ kPa 右_____ kPa 合格□　不合格□ 方向盘位置正中□	转向合格□ 转向沉重□
7	作业质量验收	路试:转向力≥245 N□　　转向力<245 N□ 原地测试:转向力≥120 N□　　转向力<120 N□	转向合格□ 转向沉重□ 返回生产部门□

任务 2　汽车中低速行驶方向盘摇摆故障的诊断与处理

任务描述

　　一辆标配液压助力转向的新车下线,汽车以 20~40 km/h 速度做路试检查,发现方向盘摇摆,且前轮也摇摆,车辆沿蛇形轨迹前进。

任务目标

　　会排除车辆低速方向盘摇摆(前轮摇摆)的故障,或找到引起该故障的问题部件。

完成任务的关键知识

1. 方向盘摇摆(前轮摇摆)故障现象

　　方向盘摇摆(前轮摇摆)是指汽车在中低速度下直线行驶,方向盘出现摇摆,且前轮沿蛇形轨迹前进。

2. 引起方向盘摇摆故障的原因

　　(1)方向盘自由行程过大。当左右转动方向盘,转向轮没有产生偏转现象,这一空转的角度,就称为方向盘自由行程或方向盘游动间隙。方向盘自由行程过大说明转向系统各部件配合间隙过大,车辆行驶中,路面的颠簸就会引起方向盘和前轮摇摆,车辆中低速直线行驶时,就会出现蛇形行驶轨迹(图7-18)。自由行程可用转动角度大小或方向盘边缘转动行程长短来表示(图7-19)。引起方向盘自由行程过大的原因通常有这么几种:① 转向柱万向节松旷;② 横直拉杆球头松旷;③ 方向机配合间隙过大。

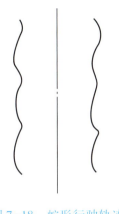

图 7-18   蛇形行驶轨迹

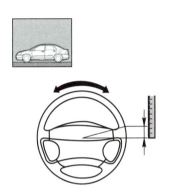

图 7-19   方向盘自由行程测量

(2)轮毂轴承松旷。车轮通过轮毂轴承固定在转向节上,如果轮毂轴承松旷,即使转向系统良好,车辆直线行驶时前轮也会发生摇摆现象。

完成任务的技能与流程

1. 汽车直线行驶方向盘(前轮)摇摆检查流程

(1)转向系统原地检查测量方向盘自由行程。

- 车辆停放在地面上,前轮处于正前打直位置,起动发动机,轻轻转动方向盘。
- 用直尺测量方向盘的转动量,通常是15~20 mm。
- 也可以用方向盘测试仪检查。

(2)转向系统原地检查(图7-20)。原地检查是检查传统转向部件松动的很好方法,当汽车的全部质量都作用在车轮上时,让一位助手来回转动方向盘,将车轮从一侧偏转到另一侧,注意横拉杆、导向臂和下摆臂球头的松动情况。

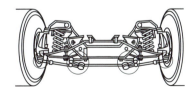

图 7-20   转向系统原地检查

（3）车轮轴承检查（图7-21）。

• 两手用力推拉轮胎,感觉是否有摆动。

• 安装制动锁,再推拉轮胎（图7-22）。

• 如果摆动减小,说明轮毂轴承松旷;如果摆动量未变化,说明是下摆球头松旷或主销与转向节承孔配合松旷（对于非独立悬架）。

图7-21　车轮轴承检查

图7-22　安装制动锁

2. 方向盘自由行程过大的处理流程

（1）检查横拉杆球头有无松旷（图7-23）。若球头松旷,则更换。

• 方向盘正前打直,拆下球头销上的紧固螺母,用球头拉器压出横拉杆总成（图7-24）。

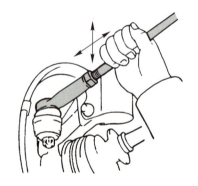

图7-23　横拉杆检查

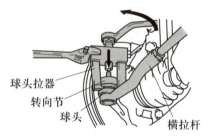

图7-24　拆卸球头

● 拆卸横拉杆端头。拆卸前先测量横拉杆端头伸出长度,以便安装时定位(图7-25)。

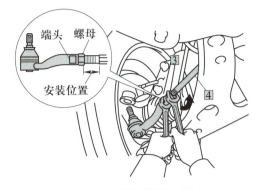

图 7-25　拆卸横拉杆端头

(2)检查转向传动轴万向十字节有无松旷(图7-26)。

● 车辆落地,发动机熄火。

● 稍用力转动方向盘,以车轮不转动为准。

● 观察万向节叉的松旷情况。

图 7-26　检查传动轴万向十字节

(3)检查方向机齿轮齿条配合间隙是否合适。

● 举升车辆至一定高度。

● 前轮正前打直。

● 用方向盘锁固定住方向盘(图7-27)。

● 用手左右扳动前轮,观察横拉杆有无明显位移(图7-28)。

图 7-27　装方向盘锁

图 7-28　左右扳动前轮

若齿轮齿条间隙过大,应就车通过方向机调整螺母(图7-29)调整方向盘齿条轴承紧度。

- 将方向盘转到中间位置。
- 用套筒拆下轴承调整螺母的锁紧螺母,锁紧螺母如图7-30中箭头所示。
- 顺时针旋转调整螺母至7 N·m,然后再退回30°~40°。
- 最后以75 N·m拧紧锁紧螺母。

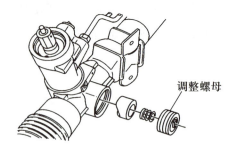

图 7-29　方向机调整螺母

图 7-30　拆下调整螺母锁紧螺母

3. 由轮毂轴承松旷引起的故障处理流程

(1)拆掉车轮。

(2)拆掉车轮制动器总成,取下制动盘或制动鼓。

(3)分开转向横拉杆与转向节的球头连接。

(4)拆下半轴锁紧螺母(敛缝螺母),如图7-31所示。

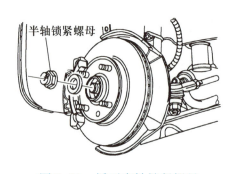

图 7-31　拆下半轴锁紧螺母

续表

（5）拆下下摆臂与转向节的球头连接(图7-32)。

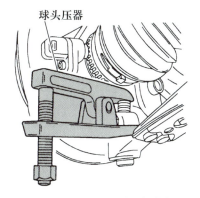

图7-32　拆下下摆臂球头

（6）拆掉转向节与减振器的两个连接螺栓,用手拉出转向节(图7-33)。

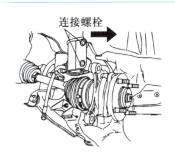

图7-33　分解转向节与减振器

（7）拆掉轮毂的外卡簧(图7-34)。

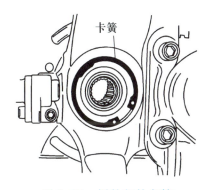

图7-34　拆轮毂外卡簧

（8）用拉器拉出轮毂(图7-35)。

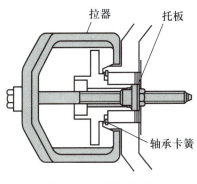

图7-35　拆卸轮毂

续表

（9）拆掉轮毂轴承卡簧,用拉器拉出轮毂轴承（图7-36）。

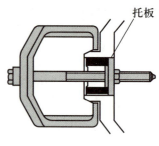

图7-36　拆卸轮毂轴承

（10）用压床压入新的轮毂轴承。

（11）传统汽车车轮轴承是由两套圆锥滚子轴承组合而成的,在装配过程中轴承紧度过松的调整(图7-37)。

用120~150 N·m的力矩拧紧锁紧螺母,同时转动轮毂2~3圈,使轴承完全贴合,再用120~150 N·m的力矩拧紧锁紧螺母,使轴承处于正确位置。再把锁紧螺母旋回1/3圈,若开口销槽孔不能对齐时,可将转向节螺母再旋出少许直到对齐,装入开口销。

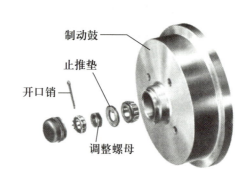

图7-37　圆锥滚子轴承紧度调整

任务工单

汽车中低速行驶方向盘摇摆故障的诊断与处理工作单

班级:_____　　姓名:_____

序号	作业项目内容	作业标准记录	作业维修记录
1	车型信息记录	车型_____ VIN _____ 转向类型:人力机械转向□ 液压助力转向□ 电控液压助力转向□ 电动转向□	

续表

序号	作业项目内容	作业标准记录	作业维修记录
2	转向性能检查	路试:方向盘摇摆　有□　无□ 20~40 km/h,蛇形轨迹　有□　无□	转向合格□ 前轮摇摆□
3	转向系统常规检查	动力转向液型号_____ 转向液量:过低□　过高□　合格□ 转向系统有无泄漏:　是□　否□ 传动带张紧度:合适□　过松□ 转向系统有无空气:有□　无□	调整转向液位□ 更换管接头密封圈□ 调整传动带张紧度□ 排放系统空气□
4	方向盘自由行程检查	自由行程_____ mm 或_____（填角度） 合格□　不合格□ 标准:直尺测量 15~20 mm。	方向盘自由行程过大□ 更换下摆臂球头□ 更换横/直拉杆球头□ 更换轮毂轴承□
5	转向系统原地检查	下摆臂球头松旷　有□　无□ 横/直拉杆球头松旷　有□　无□	
6	轮毂轴承检查	未安装制动锁,摆动量:大□　无□ 安装制动锁,摆动量:大□　减小□　无□	
7	轮毂轴承调整	转动轮毂灵活无间隙感□ 用起子刚好能拨动止推片□ 注意:针对采用双滚锥轴承的鼓式制动器	
8	调整方向盘自由行程	检查转向柱万向节:松旷□　合格□ 检查方向机配合间隙:松旷□　合格□	更换转向管柱□ 调整方向节间隙□
9	作业质量验收	路试:方向盘摇摆　有□　无□ 　　　20~40 km/h,蛇形轨迹　有□　无□ 　　　故障现象依旧□	转向合格□ 前轮摇摆□ 返回生产部门□

汽车制动系统故障的诊断与处理

项目概述

　　汽车装配下线后,试车员要对该车的制动性能做最后的检查,包括是否有足够的制动力、制动是否拖滞、制动噪声是否过大、制动是否跑偏和制动是否侧滑等项目,以发现装配过程或零部件中的问题,保证出厂产品质量。

项目目标

知识目标	1. 知道汽车制动性能主要的三个评价方面。 2. 熟悉《机动车运行安全技术条件》(GB 7258—2012)中关于制动系统的性能标准。 3. 知道整车制动系统常用的检测方法。 4. 知道引发制动系统常见故障的原因。
技能目标	1. 学会制动检测台的使用和简单路试。 2. 学会制动系统主要零部件的检测。 3. 学会制动系统主要零部件的更换与调整。
能力目标	1. 能依据任务工单独立完成工作任务。 2. 通过反复学习形成处理类似问题的能力。

项目教学资源

　　教学整车1或2辆,滚筒式制动检测台或平板式制动检测台1套,举升机(双柱或剪式)1或2台。

项目预备知识

一、汽车制动系统的三个评价方面

1. 制动效能

制动效能实际就是表示减速的能力。一般用制动减速度、制动距离和制动力来衡量。我国规定用制动距离和制动力来检验汽车的制动效能。

2. 制动的恒定性

制动效能的恒定性主要指热衰退。这种性能一般通过下长坡或高速行驶连续制动后制动效能的保持程度来衡量。要求制动器的摩擦材料性能可靠,具有高抗热衰退能力,以避免制动鼓高温时摩擦系数急剧下降,制动性能变坏。

3. 制动时汽车的方向稳定性

制动时的方向稳定性是指制动时不发生跑偏、侧滑导致偏离原来行驶方向的能力。

二、汽车路试检测制动性能

试检测主要是通过紧急制动,检测制动距离、制动跑偏和制动侧滑;用坡道试验检测汽车驻车制动性能。

1. 汽车路试道路条件

行车制动性能检测应在平坦(纵向坡度不应超过 1%)、硬实、清洁、干燥且轮胎与地面间的附着系数≥0.7 的水泥或沥青路面上进行。驻车制动试验若在坡道进行,要求坡度为 20%,轮胎地面间的附着系数≥0.7。

2. 行车制动性能检测

在检测之前应在试验路面上划出相应宽度试车道的边线,被测车辆沿着试验车道的中线行驶至规定的初速度后,变速器空挡紧急制动,判断制动性能。应符合表 8-1 中的规定。

表 8-1　行车制动性能

车型 项目	乘用车	总质量不大于 3 500 kg 的汽车	其他汽车和汽车列车
载重	空载	空载	空载
制动初速度	50 km/h	50 km/h	30 km/h
制动距离	≤19 m	≤21 m	≤9 m
车道宽度	2.5 m	2.5 m	3 m
方向稳定性	车辆不得偏离行驶方向,不得跃出试验车道的边界。		

三、汽车台架检测制动性能

　　台架检测制动性能一般是通过制动试验台测制动力来检查制动系统,台架测试具有不受外界环境影响、占用场地少、省工省时等优点,但也存在模拟条件困难、检测结果重复性差等缺点。因此,当车辆经过台架检测后,对其制动性能有怀疑时,可用路试复检。车辆在制动试验台上测出的制动力应符合表 8-2 的要求。

表 8-2　车辆在制动试验台上的制动要求

机动车类型	制动力总和与整车质量的百分比		轴制动力与轴荷[a] 的百分比	
	空载	满载	前轴[b]	后轴[b]
乘用车、总质量≯3 500 kg 货车	≥60	≥50	≥60[c]	≥20[c]
其他汽车	≥60	≥50	≥60[c]	≥50

a——用平板制动检验台检验乘用车时应按动态轴荷计算。

b——机动车纵向中心线中心位置以前的轴为前轴,其他轴为后轴。

c——空载和满载状态下测试均应满足此要求。

　　在制动力增长过程中同时测得的左右轮制动力差的最大值,与全过程中测得的该轴左右轮最大制动力中的大者之比,对前轴不应大于 20%,对后轴在轴制动力不小于该轴轴荷 60% 时不应大于 24%。目前,常用的制动检测台有两种,即滚筒式制动检测台(图 8-1)和平板式制动检测台(图 8-2)。

图 8-1　滚筒式制动检测台

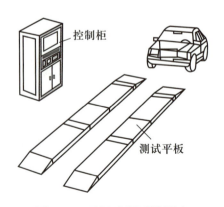

控制柜

测试平板

图 8-2　平板式制动检测台

1. 滚筒式制动检测台

试验台主要由制动力承受装置、驱动装置、制动力检测装置和制动力指示装置组成(图8-3)。将被检汽车的车轮置于两个滚筒上,用电动机通过减速器驱动滚筒再带动车轮旋转,当车辆制动时,车轮给滚筒一个与旋转方向相反的力,该力通过电动机、杠杆传给测力秤,并由测力秤的指示表显示出来,从而测量出车轮的制动力。

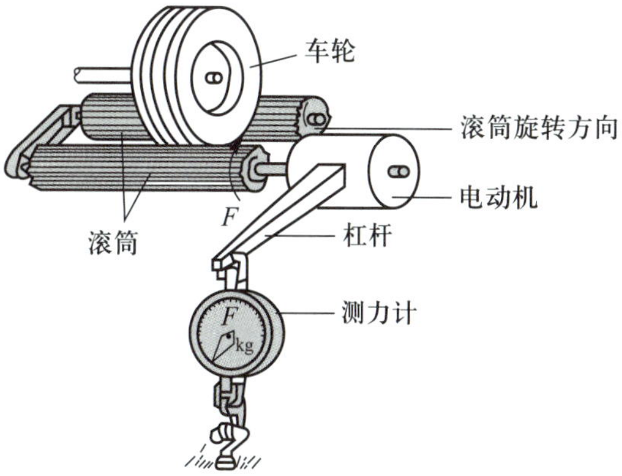

图 8-3　滚筒式制动检测台结构

2. 滚筒式制动检测台的使用方法

使用前对被检车辆轮胎气压进行检查,使之符合规定。同时,检查轮胎表面是否沾有水和油污,若有应及时清理。

检测工作完成后按下列步骤检测制动力:

(1)接通检测台测试系统电源,预热 15~30 min。

(2)操纵手柄,举起举升机的托板(图8-4)。

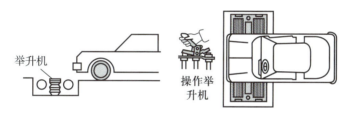

图 8-4　检测台操作(1)

(3)将汽车尽可能地以垂直滚筒的方向驶入检测台,让车轮停放在举升器托板上。

(4)操作手柄,降下举升器的托板,直到轮胎与举升器的托板完全脱离为止(图8-5)。将变速器的变速杆挂入空挡,发动机熄火。

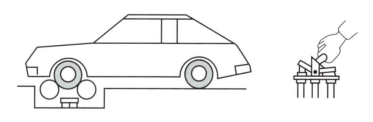

图 8-5　检测台操作(2)

(5)用挡块抵住位于检测台滚筒之外的一对车轮后方,以防止车轮在检测时从检测台后方滑出。

(6)起动电动机,使滚筒带动车轮转动。

(7)缓缓将制动踏板踩到底,读取仪器表上所指示的最大制动力值。

（8）前后轮的制动力检测完成后,拉起手制动,读取仪表指针指示的制动力最大值。

（9）全部检测结束后,切断电动机电源,操纵手柄,升起举升器的托板,汽车驶离检测台。

任务 1　制动系统制动力不足故障的诊断与处理

任务描述

新车下线后上制动检测台检测制动性能,发现所有车轮制动力均不足。

任务目标

会排除制动力不足的故障,或找到引起制动力不足故障的问题部件。

完成任务的关键知识

导致制动系统制动力不足的原因有:

（1）对于液压制动汽车,空气渗入了总泵或管路,导致制动双管路中均有空气,需要对系统进行放气操作,排除故障。

（2）如果采用鼓式制动器,制动间隙过大,需要重新调整制动间隙,排除间隙。通常鼓式制动器制动间隙在 0.25~0.5 mm 之间。

（3）对于气压制动系统,通常是由于制动供能系统压力不足导致,包括空压机、气压调节阀和干/湿储气筒等,可以由驾驶室内的双针气压表的读数判断。

（4）制动踏板自由行程过大会导致制动有效行程减小,引起制动系统性能下降。踏板自由行程在未装配真空助力式制动系统的传统汽车上,通常是指制动踏板推杆与制动总泵活塞之间的间隙在踏板上的反映（图 8-6）;对于普遍装配真空助力式制动系统的现代轿车,通常是指踏板推杆在真空助力器内的空行程（图 8-7）。

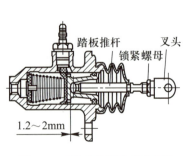

图 8-6　制动踏板自由行程

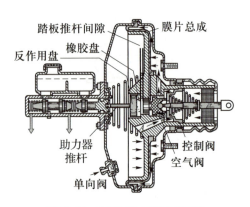

图 8-7　制动助力器空行程

（5）液压制动总泵损坏。制动总泵是制动系统的核心部件,它将制动液压缩到每个车轮的制动分泵以实施制动。根据维修经验,制动总泵出现最多的故障就是活塞(俗称皮碗)密封不良,导致制动压力无法建立或泄压。制动总泵泄压时的常见故障现象有两种。

① 缓慢踩下制动踏板,制动踏板会降到最低位置,制动油压无法建立。路试的表现为:低速行驶时,如果快速踏下制动踏板可以制动,如果缓慢踏下制动踏板则没有制动。

② 进行制动系统放气时,制动踏板降低后无法回位,反复踩踏也无法建立油压,放不出制动液或制动液放出得很少。

完成任务的技能与流程

1.准备工作

（1）工量具准备。

量具:(图 8-8、图 8-9、图 8-10)
塞尺;
尖头游标卡尺;
500 mm 游标卡尺。
工具:
78 件套拆装工具;
指针式扭力扳手;
风动扳手。

图 8-8　塞尺

图 8-9　闸瓦卡尺

图 8-10　长爪游标卡尺

（2）对车辆进行制动力检测(图 8-11)。

- 具体操作流程请参照设备试验手册。
- 也可参照项目预备知识中"滚筒式制动检测台的使用方法"的相关内容。

图 8-11　制动力检测

2. 处理由制动鼓间隙过大引起的故障

对于带有间隙观察窗的制动鼓间隙测量与调整(多见于气压制动货车)。

（1）拆卸车轮(图8-12)。 ● 车轮落地时用指针扭力扳手。 ● 举起车辆时用风动扳手。	 图8-12　拆卸车轮
（2）用塞尺测量制动蹄上端及下端和制动鼓的间隙。 ● 将塞尺从间隙观察窗插入,测量制动间隙(图8-13)。	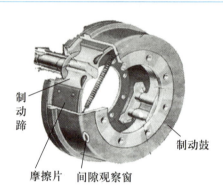 图8-13　测量制动间隙
（3）调整制动蹄与鼓间隙(图8-14)。 对于气压制动系统,通过转动调整臂蜗杆轴调整蹄片上部间隙,通过转动支撑销调整蹄片下部间隙(图8-15)。	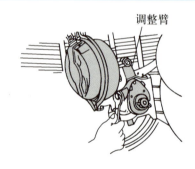 图8-14　调整制动蹄与鼓间隙  图8-15　调整偏心支撑销

续表

对于不带间隙观察窗的制动鼓间隙测量与调整。

（1）拆卸制动鼓。

① 拆下车轮。

② 用专用工具拆下轮毂罩盖(图 8-16)。

图 8-16　拆下轮毂罩盖

③ 拆卸制动鼓,轮毂结构如图 8-17
所示。

● 鲤鱼钳拔出锁销。

● 用扭力扳手拆下轮毂外轴承锁紧
螺母。

● 取出外轴承和止推垫片。

● 做制动鼓装配标记(图 8-18),取
下制动鼓。

图 8-17　轮毂结构

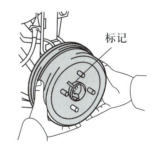

图 8-18　制动鼓安装标记

④ 拆下制动鼓定位螺钉,取下制动鼓
(图 8-19)。

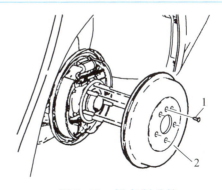

图 8-19　轿车制动鼓

1—制动鼓定位螺钉;2—制动鼓

⑤ 装配制动鼓。

• 将轮毂外轴承正位后,一面转动轮毂,一面拧进轴承调整螺母,直到用手转动轮毂感到很紧时,再将调整螺母倒1/6~1/4圈,然后将锁紧螺母拧紧。轴承紧度检查如图8-20所示。

注意:

轴承紧度调整好后,应保证轮毂转动灵活、无间隙。不能用力压下止推垫。

• 按规定力矩拧紧锁紧螺母。

图8-20 轮毂轴承紧度检查

（2）检查和调整不带有间隙自调的制动鼓间隙。

① 用闸瓦卡尺(图8-21中的1)测量制动鼓内径 A。

② 用长爪游标卡尺(图8-21中的3)测量制动蹄最大外径 B。

③ 计算制动器总间隙 $C = A - B$,应保证 $0.5\ \text{mm} \leqslant C \leqslant 1.0\ \text{mm}$。

④ 若间隙不符合标准,旋转间隙调整装置(图8-21中的2),进行调整。

• 对于液压制动系统,取下制动器背板上的孔塞,用一字起子拨动分泵上的调整环,调整间隙(图8-22)。

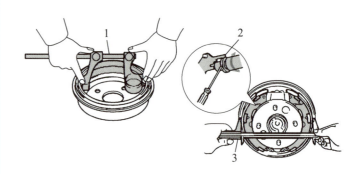

图8-21 制动间隙检查调整
1—闸瓦卡尺;2—间隙调整装置;3—游标卡尺

图8-22 制动分泵调整部位

（3）对正标记安装制动鼓。

对于带有间隙自调的制动鼓间隙检查和调整(图8-23)。

① 拆下制动器背板后的孔塞。

② 用平口螺丝刀向下旋转调节器,使制动蹄张开,直到蹄与鼓接触。

提示:一边转动制动鼓一边旋转调节器,直到制动鼓转动受阻。

③ 用平口螺丝刀向外撬开自动调整拨片,用另一只平口螺丝刀向上旋转调节器,使其退回 8 个齿。

④ 确认可以转动制动鼓。数次踩下制动踏板,确认制动鼓不发出"咔哒"声后,间隙自调结束。

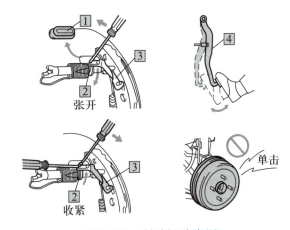

图 8-23　制动间隙自调

1—孔塞;2—间隙调节器;3—自动调整拨片;4—制动踏板

3. 处理由制动踏板自由行程过大引起的故障

(1) 检查踏板自由行程。

● 反复踩踏制动踏板数次,解除真空助力。

● 用手轻压按制动踏板至稍有阻力为止,用直尺测量出踏板下沉的距离。这个距离即为踏板自由行程(图 8-24)。

制动踏板自由行程通常为 3~6 mm。

图 8-24　制动踏板自由行程

(2) 检查并调整踏板高度。

● 用直尺测量踏板至驾驶室地板间的距离,这就是制动踏板高度(图 8-25)。

● 通常制动踏板自由行程过大会引起制动踏板高度过大。

通过拧松锁紧螺母,转动制动踏板推杆(图 8-26),使制动踏板高度合格,制动踏板自由行程也合格。

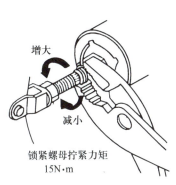

图 8-25　制动踏板高度　　　图 8-26　制动踏板高度调整

4. 处理由制动系统中渗入空气引起的故障

（1）检查制动系统制动压力。

① 将制动分泵上的放气螺钉拆掉,安装油压测试表(图8-27)。

② 起动发动机,以紧急制动状态踩下制动踏板。

③ 观察制动油压表读数,应符合厂方规定。

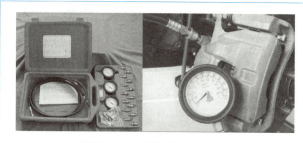

图8-27　安装油压测试表

（2）制动系统排放空气——利用设备排放空气。

• 为避免新旧制动液混合,将储液罐里的旧制动液先吸出三分之二(2/3),再加上新制动液(图8-28)。

注意:操作时在总泵下垫上抹布,防止制动液泼溅。

• 将制动液注入制动液更换设备(图8-29)。

• 接上气压,打开进气开关。

• 调整进气压力,正常使用压力为0.5～1.5 bar(1 bar = 0.1 MPa),若制动总泵上油杯太薄,将压力调低,以免油杯破裂。

• 选择合适的盖子,盖在制动油壶总泵上(图8-30)。

• 将制动液更换机的出口接头,接到制动总泵上的配件。

• 打开制动油供油开关(直线为开,左右为关)。

• 以上操作完毕,在制动分泵上连接回收瓶,再将分泵的排气螺钉拧松1/4圈,将混有气泡的制动液排出(图8-31)。

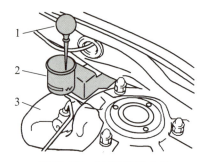

图8-28　抽取旧制动液

1—注液器;2—储液罐;3—抹布

图8-29　制动液更换机

图8-30　制动液更换操作(1)

图8-31　制动液更换操作(2)

（3）制动系统排放空气——人工排除制动系统空气。

① 首先排除制动总泵空气。

双人配合,助手坐在驾驶室内。

● 起动发动机,建立制动真空助力。反复踩制动踏板建立油压,并保持踏板完全踩下。

注意:应以慢踩快放的形式踩踏板,当制动踏板变硬变高时,为合适。

● 用开口扳手拧松制动油管与总泵的接头,排出混有空气的制动液,随即拧紧接头,防止空气回流（图8-32）。

● 重复以上两步,制动系统空气排净。

注意:操作时在总泵下垫上抹布,防止制动液泼溅。

在总泵放气时,制动踏板会降低,此时驾驶室内操作人员不能放松制动踏板。

② 排除制动管路中的空气（图8-33）。

● 双人配合操作。助手坐在驾驶室内,举升车辆。

● 在制动分泵上连接回收瓶,并给助手发信号,告知准备完毕。

● 发动机运转,建立制动真空助力。助手反复踩制动踏板建立油压,并保持踏板完全踩下。

注意:应以慢踩快放的形式踩踏板,当制动踏板变硬变高时,为合适。

● 将分泵的排气螺钉拧松1/4圈,将混有气泡的制动液排出,立刻旋紧排气螺钉,防止空气回流。

● 重复上述两步骤,直到空气排除干净。

注意:

● 放气时采用以距离制动总泵位置,由远及近的原则放气。

顺序:右后→左后→右前→左前。

● 在分泵放气时,制动踏板会降低,此时驾驶室内操作人员不能放松制动踏板。

● 及时补充总泵储液罐内的制动液。

● 人工排气讲究双人配合。

图8-32　总泵排放空气

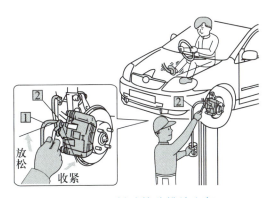

图8-33　制动管路排放空气

5. 处理由制动总泵损坏引起的故障

（1）更换新的制动泵并排气。

- 排干制动液（图 8-34）。
- 将与总泵连接的制动管路松开。
- 拆下总泵与助力器的连接螺母，取下总泵（图 8-35）。

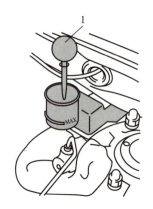

图 8-34　排干制动液

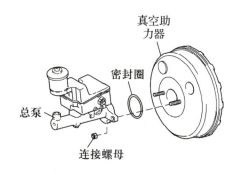

图 8-35　拆下制动总泵

（2）制动泵排气。

① 将总泵夹在台虎钳上，在夹持的钳口要垫上铝片或其他软材料，加注制动液至最高刻度 MAX（图 8-36）。

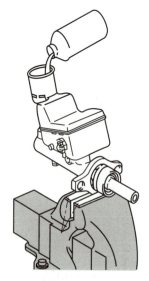

图 8-36　总泵排气操作（1）

续表

② 使用推杆或十字螺丝刀,将总泵活塞压到底,然后用手指堵上总泵出液口,放松活塞,制动液在真空吸力下进入总泵前后腔(图 8-37)。

③ 放开手指,将总泵活塞推到底,此时混有气泡的制动液会流出。

④ 重复步骤②和步骤③,直到流出不含气泡的制动液。

注意:及时加注制动液,防止制动液用干,空气进入总泵。

使用抹布防止制动液泼溅。

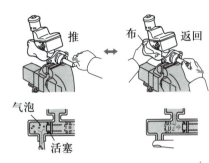

图 8-37　总泵排气操作(2)

任务工单

制动系统制动力不足故障的诊断与处理工作单

班级:_____　姓名:_____

序号	作业项目内容	作业标准记录	作业维修记录
1	车型信息记录	车型_____　VIN_____ 制动器:前盘后鼓式□　四轮盘式□　四轮鼓式□ 制动类型:液压制动□　气压制动□ 制动管路:H 型□　　X 型□	
2	制动性能检查	左前轮制动力_____N 右前轮制动力_____N 前轴制动率_____ 合格□　不合格□	制动合格□ 制动力不足□ 制动跑偏□ 制动噪声□ 制动过硬□
		左后轮制动力_____N 右后轮制动力_____N 后轴制动率_____ 合格□　不合格□	
		前轴制动力偏差≥20%　是□　否□ 后轴制动力偏差≥24%　是□　否□	

续表

序号	作业项目内容	作业标准记录	作业维修记录
3	制动系统常规检查	制动液型号_____ 制动液量：过低□　过高□　合格□ 制动踏板自由行程_____ mm 合格□不合格□ 制动踏板行程余量_____ mm 合格□不合格□	调整制动液位□ 调整踏板自由行程□
4	调整踏板自由行程	拧松锁紧螺母,转动推杆调整□ 锁紧螺母拧紧力矩_____ N·m 调整后踏板自由行程_____ mm	合格□
5	更换制动总泵	总泵空气排除 □ 总泵安装螺母力矩_____ N·m	合格□
6	检查制动系统压力	Ⅰ管路:左前_____ kPa　右后_____ kPa 　　　　左前_____ kPa　右前_____ kPa 　　　　合格□　不合格□ Ⅱ管路:右前_____ kPa　左后_____ kPa 　　　　左后_____ kPa　右后_____ kPa 　　　　合格□　不合格□	
7	制动系统空气排除	总泵空气排除□ ① 右后轮分泵放气□　② 左后轮分泵放气□ ③ 右前轮分泵放气□　④ 左前轮分泵放气□ Ⅰ管路_____ kPa　Ⅱ管路_____ kPa	制动管路压力合格□
8	测量制动器间隙	鼓式制动器:左前轮_____ mm　右前轮_____ mm 　　　　　左后轮_____ mm　右后轮_____ mm 不合格:左前轮□右前轮□左后轮□右后轮□ 盘式制动器:左前轮_____ mm　右前轮_____ mm 　　　　　左后轮_____ mm　右后轮_____ mm 不合格:左前轮□右前轮□左后轮□右后轮□	

续表

序号	作业项目内容	作业标准记录		作业维修记录
9	调整制动器间隙	鼓式制动器:左前轮_____ mm　右前轮_____ mm 　　　　　　左后轮_____ mm　右后轮_____ mm		合格□
		盘式制动器:左前轮_____ mm　右前轮_____ mm 　　　　　　左后轮_____ mm　右后轮_____ mm		
10	再次检测制动系统	左前轮制动力_____ N　右前轮制动力_____ N 前轴制动率_____		合格□
		左后轮制动力_____ N　右后轮制动力_____ N 后轴制动率_____		
11	作业质量验收	制动管路压力合格□ 各车轮制动器间隙合格□ 故障现象依旧□		制动系统合格□ 返回生产部门□

任务 2　制动跑偏故障的诊断与处理

任务描述

　　新车下线后上制动检测台检验制动性能,测得汽车前轴左右轮制动器制动力相差的最大值,大于该轴左右轮最大制动力中的大者20%。对新车进行路试,发现车辆制动时偏离行驶方向,跃出试验车道的边界。

任务目标

　　知道汽车制动跑偏的故障现象,会排除或处理汽车制动跑偏的故障。

完成任务的关键知识

　　制动跑偏表现为制动时汽车不能沿直线减速或停车(图8-38)。实质是同轴两侧车轮上的制动摩擦力矩不一致,当汽车制动时,如果两侧车轮上的制动摩擦力矩不一致,那么地面给车轮的制动力大小也不一样,这样在前轮上形成了一个偏转力矩,出现制动跑偏(图8-39)。

图 8-38　制动跑偏现象

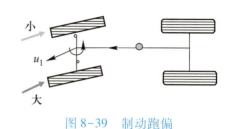

图 8-39　制动跑偏

其主要原因有：

（1）同轴两侧车轮的制动蹄片接触情况不一致，导致两侧车轮制动力相差较大。

（2）同轴两侧车轮制动蹄片和制动鼓间隙不一致，导致蹄片与制动鼓压力不同，引起两侧车轮制动力相差较大。

（3）个别车轮轮毂轴承后油封装配不当，润滑脂进入制动鼓，降低了蹄片与制动鼓间的摩擦系数，引起两侧车轮制动力相差较大。

（4）个别车轮制动器中的制动分泵漏油（对于气压制动汽车，主要是个别制动气室漏气），导致蹄片与制动鼓压力不同。

（5）同轴两侧车轮胎压不一致，轮胎与地面接触面积不一样，导致两个车轮的地面制动力不一致。

完成任务的技能与流程

1. 由同轴两侧车轮的制动蹄片接触情况不一致引起故障的处理

拆卸制动蹄，检查制动蹄与制动鼓的贴合面积，若不符合规定，更换制动蹄。

（1）拆下制动鼓。

（2）拆卸制动蹄片（需要将图 8-40 中的零件拆下）。

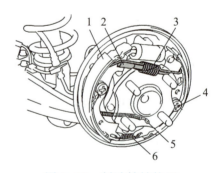

图 8-40　制动鼓结构图

1—制动蹄；2—调节器；3—回位弹簧；4—定位弹簧及帽；

5—驻车制动拉索；6—回位弹簧

续表

① 用鲤鱼钳夹住弹簧帽并压下弹簧帽,然后旋转 90°,取下弹簧帽和弹簧(图 8-41)。	 图 8-41　拆卸定位弹簧 1—弹簧帽;2—弹簧销
② 用专用工具(若没有,可用一字螺丝刀代替)取下回位弹簧(图 8-42)。	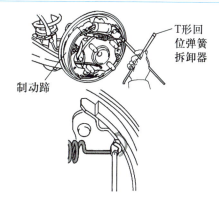 图 8-42　取下回位弹簧
(3)拆卸制动蹄片。	
① 用一字螺丝刀或尖嘴钳拆下回位弹簧,取下制动蹄(图 8-43)。 ② 用尖嘴钳取下手制动拉索(图 8-44)。	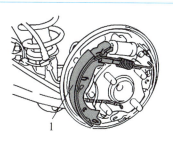 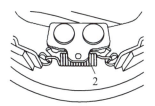 图 8-43　拆下回位弹簧 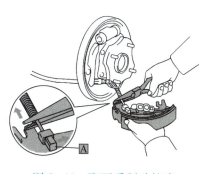 图 8-44　取下手制动拉索

（4）检查制动蹄片与制动鼓的接触面积。

① 用粉笔在制动鼓内部与蹄片接触的部位涂上颜色，将制动蹄压在制动鼓上，并旋转，检查接触面积（图 8-45）。

图 8-45　检查接触面积

② 制动蹄通常采用偏心磨削，即摩擦片的最厚处位于制动蹄中部，两端略薄。制动蹄的外圆直径比制动鼓内径略小，有利于摩擦片的快速磨合，与制动鼓相适应。

标准：

摩擦片与制动鼓贴合面积应大于摩擦片总面积的 50%，贴合印痕应两端轻、中间重（图 8-46）。

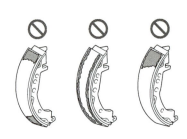

图 8-46　不合格接触面积

（5）更换制动蹄，组装制动器。

● 润滑间隙调节器和制动底板（图 8-47）。

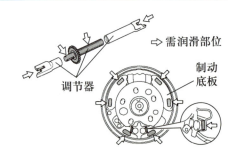

图 8-47　制动器部件润滑

● 安装制动蹄片定位弹簧（图 8-48）。

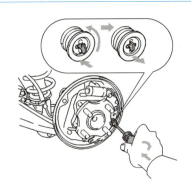

图 8-48　安装定位弹簧

续表

- 安装间隙调节器(图 8-49)。

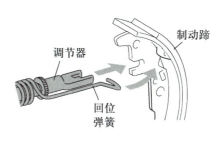

图 8-49　安装间隙调节器

- 用专用工具(若没有,可用一字螺丝刀代替)安装回位弹簧(图 8-50)。

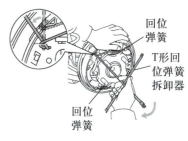

图 8-50　安装回位弹簧

2. 由分泵漏油引起故障的处理

(1) 拆卸制动鼓。

(2) 检查制动分泵是否漏油(图 8-51)。

注意:

检查制动蹄片表面是否被制动液污染,若有污染应更换制动蹄。

检查制动底板是否被制动液污染,若有污染应清洁。

检查制动鼓与制动蹄接触表面是否污染,若有污染应清洁。

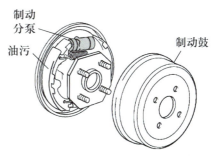

图 8-51　制动分泵泄漏检查

（3）更换制动分泵，并排放制动管路空气。

● 拆卸制动软管和分泵的接头（图 8-52）。

图 8-52　拆卸制动分泵软管和分泵的接头

● 拆下制动卡钳滑销紧固螺栓，取下制动卡钳总成（图 8-53）。

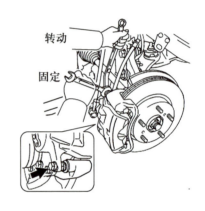

图 8-53　拆卸制动卡钳总成

3. 由轮毂油封漏油引起故障的处理

（1）拆卸制动鼓。

（2）检查制动鼓后油封（图 8-54）安装是否到位，有无润滑脂溢出。

注意：

检查制动蹄表面是否被润滑脂污染，若有，更换制动蹄。

制动鼓内表面是否被润滑脂污染，若有，清洁。

检查制动底板是否被制动液污染，若有，清洁。

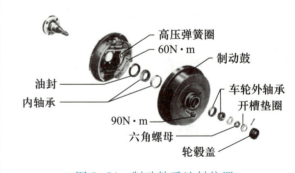

图 8-54　制动鼓后油封位置

续表

（3）更换后油封（图8-55）。 • 用橡胶锤均匀敲击后油封，要保证油封在轮毂内不歪斜，安装到位。 • 或者用压床压入。	 图8-55 更换后油封

任务工单

制动跑偏故障的诊断与处理工作单

班级：_____ 姓名：_____

序号	作业项目内容	作业标准记录	作业维修记录
1	车型信息记录	车型_____ VIN _____ 制动器:前盘后鼓□ 四轮盘式□ 四轮鼓式□ 制动类型:液压制动□ 气压制动□ 制动管路:H 型□ X 型□	
2	制动性能检查	左前轮制动力_____ N 右前轮制动力_____ N 前轴制动率_____ 合格□ 不合格□	制动合格□ 制动力不足□ 制动跑偏□ 制动噪声□ 制动过硬□
		左后轮制动力_____ N 右后轮制动力_____ N 后轴制动率_____ 合格□ 不合格□	
		前轴制动力偏差≥20% 是□ 否□ 后轴制动力偏差≥24% 是□ 否□	
3	制动系统常规检查	制动液型号_____	调整制动液位□
		制动液量:过低□ 过高□ 合格□	

续表

序号	作业项目内容	作业标准记录	作业维修记录
4	测量制动器间隙	鼓式制动器:左前轮_____ mm　右前轮_____ mm 　　　　　　　左后轮_____ mm　右后轮_____ mm 不合格:左前轮□　右前轮□　左后轮□ 　　　　右后轮□ 标准:制动间隙 0.25~0.5 mm 盘式制动器:左前轮_____ mm　右前轮_____ mm 　　　　　　　左后轮_____ mm　右后轮_____ mm 不合格:左前轮□　右前轮□　左后轮□ 　　　　右后轮□ 标准:制动间隙 0.1~0.2 mm	更换制动钳总成□
5	调整制动器间隙	鼓式制动器:左前轮_____ mm　右前轮_____ mm 　　　　　　　左后轮_____ mm　右后轮_____ mm	合格□
		盘式制动器:左前轮_____ mm　右前轮_____ mm 　　　　　　　左后轮_____ mm　右后轮_____ mm	合格□
6	检查制动分泵	分泵漏油:左前□　右前□　左后□　右后□ 制动蹄/摩擦片油污:有□　无□ 制动鼓/制动盘油污:有□　无□	更换分泵□ 更换制动蹄/片□ 清洁制动鼓/盘□
7	检查轮毂后油封	漏油:左前轮□　右前轮□　左后轮□　右后轮□ 制动蹄油污　有□　无□	更换后油封□ 更换制动蹄/片□
8	检查制动蹄与鼓接触面积	接触面积过小:是□　否□ 接触部位:正确□　错误□	更换制动器总成□
9	安装制动卡钳	制动卡钳支架固定螺栓_____ N·m 制动卡钳滑销螺栓_____ N·m	合格□
	安装制动鼓	轮毂轴承紧度调整□ 轴承锁紧螺母_____ N·m	合格□

续表

序号	作业项目内容	作业标准记录	作业维修记录
10	作业质量验收	制动器间隙合格/安装牢固□ 制动分泵无漏油□ 制动蹄与鼓接触正常□	制动系统正常□ 返回生产部门□

任务 3　制动拖滞故障的诊断与处理

任务描述

新车下线路试发现制动后汽车行驶阻力过大,制动鼓发热。

任务目标

知道汽车制动拖滞的故障现象,会排除或处理汽车制动拖滞的故障。

完成任务的关键知识

制动拖滞的实质是制动器摩擦力矩不能随制动解除而消失。

其主要原因有:

(1)制动蹄与制动鼓(制动盘)间无间隙。导致车轮转动时始终与制动蹄摩擦,引起行驶阻力过大。

(2)制动蹄回位弹簧过软或者制动分泵中的密封圈弹性不良。当汽车制动后,对于鼓式制动器,制动蹄应在回位弹簧作用下迅速回位;对于盘式制动器,摩擦片应在分泵密封圈弹性作用下迅速回位,避免与制动鼓(盘)发生摩擦。

(3)制动真空助力器推杆与制动总泵活塞间隙不合适。液压制动系统为了防止空气进入,通常在总泵和真空助力器安装好后,总泵活塞会被助力器推杆轻轻压缩。如果推杆长度过长会导致制动液回流缓慢,出现制动拖滞;如果推杆过短导致制动行程过长。

完成任务的技能与流程

由制动真空助力器推杆过长引起制动拖滞故障的处理:

松开制动主缸与助力器之间的连接,再次路试制动。如果制动拖滞现象消失,则可以判定故障是由推杆过长引起。

拆下制动助力器总成步骤如下：

① 拔下卡簧 3，取下连接销 1，分离制动推杆与制动踏板的连接，制动踏板结构如图 8-56 所示。

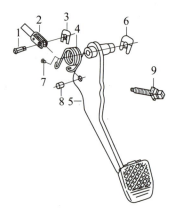

图 8-56　制动踏板结构

1—连接销；2—制动推杆；3、6—卡簧；4—回位弹簧；
5—制动踏板；7、8—销；9—制动灯开关

② 松开制动总泵与助力器的连接，使两者分离。

③ 松开助力器与车身支架的连接，拆下真空助力器，助力器与车身连接如图 8-57 所示。

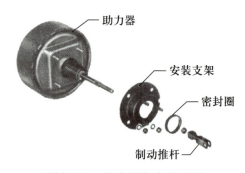

图 8-57　助力器与车身连接

④ 检查调整助力器推杆长度（图 8-58 中）。

· 将两个塞尺（0.7 mm）插在制动总泵凸缘与量规之间。

· 向下旋入量规中心杆使其触到总泵活塞。

· 粉笔涂色，将量规翻转抵靠在助力器与总泵的安装面。

· 检查并确认粉笔印记附着在推杆头部，两者没有间隙。

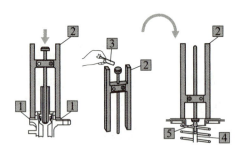

图 8-58　助力器推杆长度调整

1—塞尺；2—量规；3—粉笔；4—推杆；5—推杆调整帽

任务工单

制动拖滞故障的诊断与处理工作单

班级：_____　姓名：_____

序号	作业项目内容	作业标准记录	作业维修记录
1	车型信息记录	车型_____ VIN_____ 制动器：前盘后鼓□　四轮盘式□　四轮鼓式□ 制动类型：液压制动□　气压制动□ 制动管路：H型□　X型□	
2	制动性能路试检查	制动后行驶阻力过大：是□　否□	制动合格□ 制动拖滞□
3	制动系统常规检查	制动液型号_____ 制动液量：过低□　过高□　合格□	调整制动液位□
4	测量制动器间隙	鼓式制动器：左前轮_____ mm　右前轮_____ mm 　　　　　　左后轮_____ mm　右后轮_____ mm 不合格： 左前轮□　右前轮□　左后轮□　右后轮□ 标准：制动间隙 0.25～0.5 mm	
		盘式制动器：左前轮_____ mm　右前轮_____ mm 　　　　　　左后轮_____ mm　右后轮_____ mm 不合格： 左前轮□　右前轮□　左后轮□　右后轮□ 标准：制动间隙 0.1～0.2 mm	更换制动钳总成□
5	调整制动器间隙	鼓式制动器：左前轮_____ mm　右前轮_____ mm 　　　　　　左后轮_____ mm　右后轮_____ mm	合格□
		盘式制动器：左前轮_____ mm　右前轮_____ mm 　　　　　　左后轮_____ mm　右后轮_____ mm	合格□
6	检查制动器回位弹簧	不装制动鼓适度制动，观察蹄片回位□ 回位弹簧过软： 左前□　右前□　左后□　右后□	更换回位弹簧□

续表

序号	作业项目内容	作业标准记录	作业维修记录
7	检查制动底板润滑情况	无润滑:左前轮□ 右前轮□ 左后轮□ 右后轮□	润滑制动底板□
8	检查真空助力器	松开总泵与助力器连接□ 拖滞消失:是□ 否□	调整/更换助力器总成□
9	调整真空助力器推杆	推杆长度过长:是□ 否□	调整合格□
10	重新安装真空助力器	助力器支架固定螺栓_____ N·m 总泵连接螺栓_____ N·m	
11	检查/调整制动踏板高度	制动踏板高度_____ mm 调整后_____ mm 踏板自由行程_____ mm 调整后_____ mm 标准:自由行程 3~6 mm 行程余量≥55 mm	调整制动踏板□ 合格□
12	作业质量验收	制动器间隙正确/弹性良好/润滑正常□ 真空助力器检查正常□ 故障现象依旧□	制动系统正常□ 返回生产部门□

任务4   制动噪声过大故障的诊断与处理

任务描述

新车下线路试,发现制动时汽车车轮处发出尖锐的啸叫声,并伴有一些振动。

任务目标

知道汽车制动噪声的故障现象,会排除或处理汽车制动噪声的故障。

完成任务的关键知识

产生制动噪声的原因:

(1)制动鼓失圆,其圆度误差超过 0.125 mm。制动鼓工作面变形(椭圆),制动时片与鼓贴合瞬间便发生碰撞,同时发出尖锐的撞击响声。

（2）制动盘端面跳动过大，跳动误差超过 0.06 mm，导致制动接触不平稳，伴有振动和噪声。

（3）制动蹄片端面无倒角（图 8-59）。制动蹄摩擦片通常在起始端有 70°左右的倒角，无此倒角或倒角过小会影响制动平稳性，伴有振动和噪声。

图 8-59　制动蹄倒角

（4）盘式制动器中消声片漏装或无润滑。制动片主要由制动衬片（摩擦材料部分）钢背（金属部分）和消声片组成。消声片就是贴在钢背上的一张薄片，有的是纸片，有的是金属片。制动时的噪声是摩擦片和制动盘之间摩擦振动产生的，声波强度由摩擦衬片到钢背会发生一次变化，由钢背到消声片又会发生一次变化，层层阻尼，同时在消声片上还要涂上润滑脂，进一步起到降低噪声的作用。

完成任务的技能与流程

1. 由制动蹄加工引起的制动噪声处理

若发现制动蹄无倒角，或倒角角度不合适，则更换制动蹄。

2. 由制动消声片引起制动噪声故障的处理

（1）制动摩擦片背面通常有消声片（图 8-60），不能漏装，且内侧消声片的两个面上要涂抹薄薄一层润滑脂。

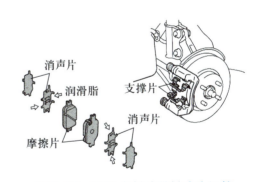

图 8-60　浮钳式制动器制动片组件

（2）摩擦片与支撑片之间也应涂抹润滑脂，这可以改善摩擦片与制动盘的贴合，降低噪声，其结构如图 8-61 所示。

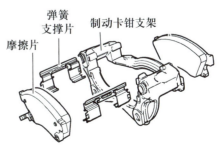

图 8-61　制动片弹簧支撑片

续表

（3）消声片不能有变形，要和制动片钢背贴合紧密。否则更换消声片（图 8-62 中箭头所指）。

图 8-62   制动片和消声片的贴合情况

3. 由制动鼓失圆（圆度误差）引起噪声故障的处理

（1）量具准备。

● 测量仪由大小弓架、标准架和百分表组成（图 8-63）。

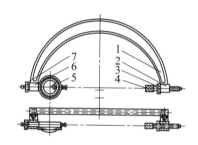

图 8-63   测量仪结构

1—弓架；2—调整固定架；3—锁紧螺母；4—调整螺钉；

5—百分表；6—百分表固定架；7—百分表锁套

● 测量前，先用标准长度对量具进行校准（图 8-64）。用一标准杆（制动鼓标准尺寸），将小弓架两测量点的距离调到该标准尺寸；再将测量制动鼓内径的小弓架，放到大弓架两测量点之间，使百分表有 6 mm 的压缩量，使之能测量制动鼓内径的圆度误差。

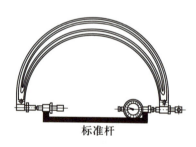

图 8-64   测量仪校准

（2）制动鼓失圆，其圆度误差不得超过 0.125 mm，否则更换制动鼓。测量如图 8-65 所示。

圆度误差：任意同一截面 d_{max} 与 d_{min} 之差的二分之一。

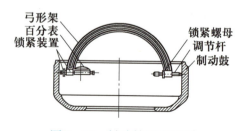

图 8-65   制动鼓圆度测量

4. 由制动盘翘曲变形引起噪声故障的处理

（1）量具准备。

磁性表座和百分表如图 8-66 所示。

图 8-66　磁性表座与百分表

（2）拆下制动卡钳总成。

① 拆下制动片（图 8-67）。

- 用挂钩吊起制动卡钳，防止损坏制动软管。

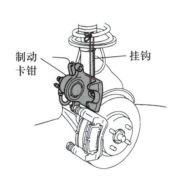

图 8-67　拆下制动片

② 拆下卡钳背板螺栓，取下制动卡钳总成（图 8-68）。

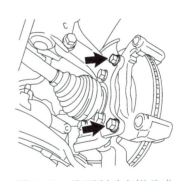

图 8-68　取下制动卡钳总成

（3）测量制动盘表面跳动总量（图 8-69）。

- 测量点距制动盘上边缘 10 mm。
- 百分表测头要垂直制动盘。
- 百分表预压缩量 1 mm。
- 转动轮毂一圈。
- 如果制动盘跳动量≥0.06 mm，则执行后续步骤（4）和（5）。

图 8-69　测量制动盘跳动量

（4）检查前/后桥轮毂跳动量（图8-70）。

- 测量点位于轮毂边缘处。
- 确保百分表垂直测量表面。
- 百分表预压缩量 1 mm。
- 转动轮毂一圈。

标准:轮毂跳动量≤0.05 mm。

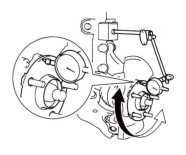

图 8-70　检查轮毂跳动量

（5）检查前/后桥轮毂轴承窜动量（图8-71）。

- 确保百分表垂直测量表面。
- 百分表预压缩量 1 mm。
- 轴向推拉轮毂,百分表读数即为轴承窜动量。

标准:轮毂轴承窜动量≤0.05 mm。

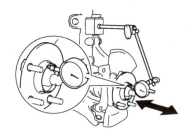

图 8-71　检查轮毂轴承窜动量

（6）制动盘表面跳动量=制动盘表面跳动总量-轮毂跳动量-轮毂轴承窜动量。

- 轮毂跳动量过大,导致制动盘表面跳动总量过大,更换轮毂。
- 轮毂轴承窜动量过大,导致制动盘表面跳动总量过大,更换轮毂轴承。
- 制动盘表面跳动量过大,导致制动盘表面跳动总量过大,更换制动盘。

任务工单

制动噪声过大故障的诊断与处理工作单

班级:_____　姓名:_____

序号	作业项目内容	作业标准记录	作业维修记录
1	车型信息记录	车型_____ VIN _____ 制动器:前盘后鼓□　四轮盘式□　四轮鼓式□ 制动类型:液压制动□　气压制动□ 制动类型:H 型□　X 型□	
2	制动性能路试检查	制动时噪声: 左前轮□　右前轮□　左后轮□　右后轮□	制动合格□ 制动噪声□

续表

序号	作业项目内容	作业标准记录	作业维修记录
3	制动系统常规检查	制动液型号_____ 制动液量:过低□　过高□　合格□	调整制动液位□
4	制动蹄检查	制动蹄倒角不合格:左前轮□　右前轮□ 　　　　　　　　　　左后轮□　右后轮□	更换制动蹄总成□
5	制动消声片检查	消声片不完整:左前轮□　右前轮□ 　　　　　　　左后轮□　右后轮□	合格□ 更换消声片□
		消声片无润滑:左前轮□　右前轮□ 　　　　　　　左后轮□　右后轮□	合格□ 润滑消声片□
		消声片无变形:左前轮□　右前轮□ 　　　　　　　左后轮□　右后轮□	更换消声片□
6	检查制动鼓圆度	左前轮_____ mm　右前轮_____ mm 左后轮_____ mm　右后轮_____ mm 圆度误差过大:左前轮□　右前轮□　左后轮□ 右后轮□	更换制动鼓□
7	检查制动盘跳动总量	左前轮_____ mm　右前轮_____ mm 左后轮_____ mm　右后轮_____ mm 不合格:左前轮□　右前轮□　左后轮□　右后轮□ 标准:跳动总量≤0.06 mm	检查轮毂\轮毂轴承□
8	检查轮毂跳动量	左前轮_____ mm　右前轮_____ mm 左后轮_____ mm　右后轮_____ mm 不合格:左前轮□　右前轮□　左后轮□　右后轮□	更换轮毂□
9	检查轮毂轴承窜动量	左前轮_____ mm　右前轮_____ mm 左后轮_____ mm　右后轮_____ mm 不合格:左前轮□　右前轮□　左后轮□　右后轮□	更换轮毂轴承□

续表

序号	作业项目内容	作业标准记录	作业维修记录
10	制动盘跳动量	左前轮_____ mm 右前轮_____ mm 左后轮_____ mm 右后轮_____ mm	更换制动盘□
11	安装制动卡钳总成	卡钳支架螺栓_____ N·m 卡钳滑销螺栓_____ N·m	
12	安装制动鼓	轮毂轴承紧度调整 合格□ 不合格□	

项目九

汽车行驶系统故障的诊断与处理

项目概述

　　汽车装配下线后,试车员要对该车的直线行驶性能和平顺性做最后的检查,包括是否有直线行驶跑偏、直线行驶方向盘不正和行驶中振动和噪声过大等项目,以发现装配过程中调整不当或零部件中的问题,保证出厂产品质量。

项目目标

知识目标	1. 知道汽车操作稳定性和平顺性的主要评价方面。 2. 熟悉《机动车运行安全技术条件》(GB 7258—2012)中关于行驶系统的性能标准。 3. 知道整车行驶系统常用的检测方法。 4. 知道引发行驶系统常见故障及其原因。
技能目标	1. 学会侧滑检测台和四轮定位仪的使用。 2. 会路试检查汽车行驶跑偏。 3. 会对行驶系统主要零部件进行检测和更换。 4. 会利用四轮定位仪调整车轮定位参数。
能力目标	1. 能依据任务工单独立完成工作任务。 2. 通过反复学习形成处理类似问题的能力。

项目教学资源

教学整车 1 或 2 辆,双平板式侧滑检测台 1 套,CCD 式四轮定位仪 1 或 2 套、举升机(双柱或剪式)1 或 2 台。

项目预备知识

一、汽车的操作稳定性和行驶平顺性评价

1. 汽车操作稳定性

操作性是在驾驶员不紧张和疲劳的条件下,汽车能按照驾驶员通过转向系统及转向轮给定的方向行驶的能力。主要评价汽车直线行驶能力和转向能力。

稳定性是指汽车受到外界干扰(路面不平或者侧风干扰)时,能抵抗扰动而保持稳定行驶的能力。主要评价汽车抗侧滑、抗翻车和方向自动回正能力。国家标准 GB 7258—2012《机动车运行安全技术条件》和 GB 18565—2001《运营车辆综合性能要求和检验方法》,对汽车操作稳定性的要求:① 机动车转向轮转向后应能自动回正,以使机动车具有稳定的直线行驶能力;② 机动车四轮定位值应符合该车有关技术条件;③ 机动车转向轮的横向侧滑量,用侧滑仪检测时,其值不得超过 5 m/km。

2. 汽车行驶平顺性

行驶平顺性是指避免汽车在行驶过程中所产生的振动和冲击使人感到不舒服、疲劳甚至损坏健康和货物的能力。主要评价噪声和振动。

在汽车定型试验中,设计部门已经对汽车轮胎、悬架的阻尼和刚性进行了测定和匹配,对簧载(车身和动力总成)质量、非簧载(悬架和车轮)质量和整车质量分配进行了匹配和优化,平顺性是符合要求的。但不排除在装配过程中由于装配不当(如螺栓力矩不够等)或个别零部件质量问题,导致出现诸如方向盘抖动、底盘某处敲击声等故障。

二、检查车轮定位常用设备及其使用方法

汽车四轮定位参数的检测,有动态检测法和静态检测法两种。

1. 动态检测

动态检测法是使汽车以一定的行驶速度通过侧滑试验台,从而测量转向轮的横向侧滑量。侧滑量是指汽车直线行驶位移量为 1 km 时,转向轮的横向位移量。侧滑量的单位是 m/km。汽车侧滑试验台是用以检测汽车前轮侧滑量的一种专门设备。而汽车前轮的侧滑量主要受转向轮外倾角及转向轮前束值的影响。所以,侧滑试验台就是为检测汽车转向轮外倾角与前束值这两

个参数配合是否恰当而设计的一种专门的室内检测设备。

（1）双滑板式侧滑试验台的结构。

双滑板式侧滑试验台共有左右两块侧滑板,检验时汽车左、右车轮同时从侧滑板上通过。它们一般均由测量装置、指示装置和报警装置等组成(图9-1)。

图9-1　侧滑试验台

① 测量装置。

测量装置由框架、左右两块滑动板、杠杆机构、回位装置、滚轮装置、导向装置、锁止装置、位移传感器及信号传递装置等组成(图9-2)。该装置能把前轮侧滑量测出并传递给指示装置。

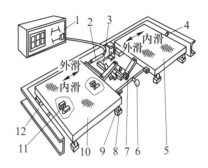

图9-2　测量装置

1—信号传递装置;2—位移传感器;3—回位装置;

4—限位机构;5、10—滑动板;6—锁止装置;7—杠杆机构;

8、9—滚轮装置;11—车轮导向装置;12—框架

② 指示装置。

指示装置有指针式和数字式。指针式指示装置(图9-3)能把测量装置传递来的滑动板侧滑量按汽车每行驶 1 km 侧滑 1 m 定为一格刻度,所以每一格代表汽车每行驶 1 km 侧滑 1 m。根据指针偏向 IN 或 OUT 的方向确定侧滑方向。IN 表示正前束,OUT 表示负前束。

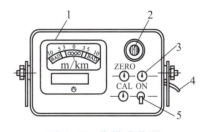

图9-3　指针式装置

1—指针式表头;2—报警用蜂鸣器或信号灯;

3—电源指示灯;4—导线;5—电源开关

（2）汽车侧滑的检测方法

试验台的准备:

① 打开电源开关,查看指针式仪表的指针是否在机械零点上,或查看数码管是否亮度正常并都在零位上,发现故障,及时清除。

② 检查侧滑试验台的清洁情况,如有油污、泥土、砂石及水等应予清除。

③ 打开侧滑试验台的锁止装置,检查滑动板能否在外力作用下左右滑动自如,外力消失后回到原始位置,且指示装置指在零点。

④ 检查报警装置在规定值时能否发出报警信号,并视需要进行调整或修理。

续表

被检汽车的准备:
① 轮胎气压应符合规定,花纹深度必须符合厂方规定。 ② 轮胎上粘有油污、泥土、水或花纹沟槽内嵌有石子时,应清理干净。
检测方法:
① 拔掉滑动板的锁止销钉,接通电源。 ② 汽车以 3~5 km/h 速度垂直侧滑板驶向侧滑试验台,使前轮平稳通过滑动板。 ③ 当前轮完全通过滑动板后,从指示装置上观察侧滑方向并读取最大侧滑量。 ④ 检测结束后,切断电源并锁止滑动板。

2. 静态检测

静态检测主要使用四轮定位仪(图9-4)。主要由上位机、下位机、开关电源、无线发射接收盒、打印机、剪式举升机、机柜、卡具车和卡具、刹车锁和方向盘锁组成。

① 上位机是进行数据运算、显示输出的电脑,是四轮定位仪的控制中心。一般都是市场上销售的 PC 机,其主机安放在机柜内(图9-5)。

图 9-4　四轮定位仪

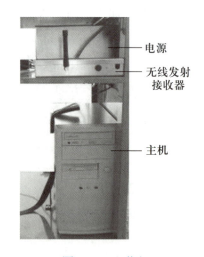

图 9-5　上位机

② 传感器(图9-6)是四轮定位仪的核心部件,其实也是一台电脑,只是功能单一,在软件的协调下,完成上位机下达的命令,并将测量数据传回上位机。传感器把手正面有一操作面板(图9-7),通过操纵上面的按键,完成启动和偏位补偿功能。传感器把手上还有一水平管,用来指示传感器的物理水平(图9-8)。

图 9-6　定位仪传感器

1—天线；2—CCD 镜头；3—水平气泡；

4—小键盘；5—通信电缆插孔；

6—转角盘电缆插孔

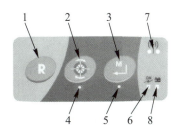

图 9-7　传感器操作面板

1—复位激活键；2—钢圈偏位补偿键；3—偏位补偿计算键；

4—偏位补偿指示灯；5—计算键指示灯；6—电源指示灯；

7—蓝牙传输指示灯；8—充电指示灯

③ 辅助工具，包括方向盘锁（图 9-9）和刹车（制动）锁（图 9-10）。方向盘锁固定方向盘，防止其转动，在调整时使用。刹车锁顶下制动踏板，使车轮制动，在四轮定位检测中使用。

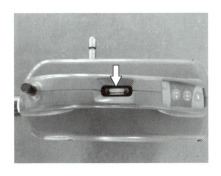

图 9-8　传感器水平管

图 9-9　方向盘锁

④ 子母剪式举升机（图 9-11），车辆做四轮定位时，应停放在举升机上，它是四轮定位检测和调整的平台。

图 9-10　刹车锁

图 9-11　子母剪式举升机

⑤ 转角盘（图 9-12）和后滑板。举升机后部装有后滑板，前部有安装转角盘的槽，平时用锁销固定。后滑板可以在纵向和横向自由滑动，转角盘不仅可以自由滑动，还可以转动大约 40°的角度。转角盘、后滑板和传感器配合可以测量出各个车轮定位角度。

三、检查车轮平衡的常用设备

车轮动平衡机（图 9-13）是一种测量汽车车轮不平衡量，并指示不平衡量位置的设备，人们再通过相应重量的平衡块将其补偿在指定位置，使车轮平衡。它是汽车修理厂、汽车轮胎店和汽车装配厂等必备的设备。

图 9-12 转角盘

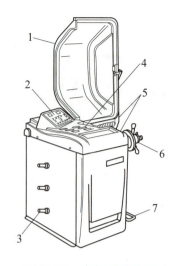

图 9-13 车轮动平衡机

1—车轮保护罩；2—控制面板；3—气源；

4—铅块托盘；5—测量尺；6—卡具；7—制动踏板

四、检查汽车直线行驶跑偏常用的路试方法

汽车在平坦直路上以 80 km/h 行驶 100 m，偏离行驶线路左边 1 m 以内、右边 1.5 m 以内的属于正常现象，超出则视为跑偏。具体操作如下：

通常现在测试道路中间划出一条直线作为引导线，在引导线上标出起始点和终点。在汽车挡风玻璃中间做出一条清晰的标志线，检测员通过将标志线和引导线对齐将车辆牵直，然后测试员轻扶方向盘，加速至规定速度。通过设置在测试路终点处路钉，辅助测试员判断跑偏量（图 9-14）。

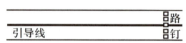

图 9-14 行驶跑偏路试方法

任务 1　车辆行驶跑偏故障的诊断与处理

任务描述

一辆新车下线进行路试，发现车辆始终向一个方向跑偏。

任务目标

会排除行驶跑偏的故障，或找到引起行驶跑偏故障的问题部件。

完成任务的关键知识

行驶跑偏：在平直道路上，汽车直线行驶中手离开方向盘，车辆不能保持直线行驶状态，向

左或者向右的任何一方偏驶的现象。

导致行驶跑偏的原因如下：

（1）轮胎问题会导致行驶跑偏。

① 左右前轮胎压不一致，将导致汽车出现歪斜。如果左前轮胎压高于右前轮，车身向右倾斜，车辆向右行驶跑偏；如果右前轮胎压高于左前轮，车身向左倾斜，车辆向左行驶跑偏。

② 左右两前轮花纹比不一致，将导致两轮的滚动阻力不一致，出现向行驶阻力大的一侧跑偏。

③ 左右两前轮规格型号不一致。假设左前轮胎型号 195/65R15，右前轮胎型号 195/55R15，两轮胎的扁平率不一致，将导致左前轮胎直径比右前轮胎大 10%，车身出现倾斜，行驶跑偏。

（2）单个前轮制动拖滞导致行驶跑偏。

当某侧车轮出现制动拖滞，会因左右两侧车轮受到的阻力不同而导致轮速不同，将导致汽车向制动拖滞的车轮一侧跑偏。

（3）单个轮毂轴承预紧力过大导致行驶跑偏。

在装配汽车时，要求两侧车轮轴承预紧力一致。如果装配时调整不当或个别轴承质量问题导致汽车两侧的轴承紧度不一致，会使两侧车轮的转动阻力不同，车辆出现行驶跑偏。

（4）四轮定位相关参数失准将导致行驶跑偏。

对于总装下线的新车，引起车辆行驶跑偏的主要原因是前轮前束角（图 9-15）和外倾角（图 9-16）不当。

（5）前轮弹性元件和减振器性能差异将导致行驶跑偏。

汽车弹性元件和减振器除了减振和缓冲作用外，还起到支撑车身的作用。当车辆两侧弹簧刚度或减振器阻尼偏差超过一定范围后，车身会出现轻微倾斜，导致汽车向倾斜的一侧跑偏。

（6）车身或车架变形。

如果上述原因都排除了，车辆行驶依然跑偏，最可能的原因是车身或车架在铆接或焊接时出现变形。

前束角用于消除外倾角产生的轮胎侧滑，但当前束角不一致且超出一定范围时，就会出现跑偏。图中 $\alpha<\beta$，车辆向左跑偏。

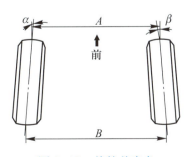

图 9-15　前轮前束角

续表

外倾角有使车轮向两侧行驶的趋势,当两轮外倾角相等时,相互抵消不产生跑偏。当外倾角不等且超出一定范围,图中 $\alpha_L < \alpha_R$ 时车辆将向外倾角大的一侧跑偏。

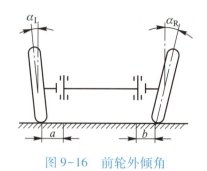

图 9-16　前轮外倾角

完成任务的技能与流程

1. 处理有轮胎和悬架引起的跑偏故障

（1）检查四轮轮胎型号是否一致。

● 轮胎型号铭牌（图 9-17）一般贴在车门内侧。

● 轮胎型号在胎侧上标注。

标准:要求四轮轮胎型号相同,并符合厂方要求。

图 9-17　轮胎型号铭牌

（2）检查同轴两轮胎花纹是否一致（图 9-18）。

标准:四轮花纹一致,否则更换轮胎。

图 9-18　检查轮胎花纹

（3）检查四轮胎压应符合厂方规定胎压标准一般也贴在车门内侧。

（4）检查同轴两侧车身高度应一致（图9-19）。

常用简易测量法：用卷尺测量左侧车身下的钣金线距大剪平台距离（图9-20），得到两个数值；同样测量右侧车身，又得到两个数值。比较车身两侧数值，可以得到车辆前部高度差和车辆后部高度差。

标准：两侧高度差≤10 mm。

否则左右悬架可能有问题。

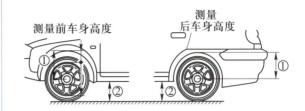

图9-19　车身高度测量位置

图9-20　测量车身高度

2. 处理由制动拖滞和轴承紧度问题引起的跑偏

（1）检查制动拖滞（图9-21）。

- 将车辆用举升机顶起。
- 反复踩下制动和拉起手制动。
- 用手转动制动鼓或制动盘，感觉有无与制动片的摩擦。
- 如果有制动拖滞，重新调整制动间隙或更换制动器。

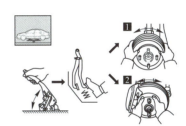

图9-21　检查制动拖滞

（2）检查同轴车轮轴承紧度是否一致（图9-22）。

将车辆顶起，释放手制动。

转动车轮，应能灵活转动。

感觉各车轮转动阻力差异。

注意：区分制动拖滞引起的过大阻力。

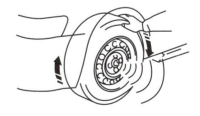

图9-22　检查车轮轴承

3. 四轮定位检测流程

当确定车辆车身高度符合规定、轮胎型号一致、胎压正常、悬架和转向系统基本完好的情况下，就可以开始四轮定位检测了。

（1）将车辆停放在子母剪式举升机上。

• 举升机应放在最低位置(图9-23),车辆要在举升机上停放周正,不能偏向某一边(图9-24)。

• 前后轮要停放在转角盘和后滑板的中间。这样可以减小转动阻力,提高测量精度。

• 开机进入"维修信息界面"(图9-25),记录车辆 VIN 码、轮胎型号、胎压,轮胎沟槽深度。

• 从数据库中,找到相应车型,完成车型数据选择。

• 方向盘解锁,并使方向盘处在正中位置。

图9-23　大剪最低位置

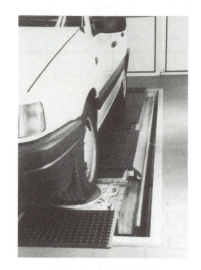

图9-24　车辆停放

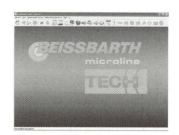

图9-25　维修信息界面

（2）定位检查前准备。

① 将大剪升到最低落锁位(图9-26)。大剪在安装的时候,一般在最低落锁位检查水平,该位置可以保证各车轮支撑点在同一高度,满足检测要求。

② 安装各车轮卡具。

• 根据轮辋直径调节卡具三个支点的位置。

续表

- 卡具安装到轮辋上后，三个支点应该和轮辋上同一平面的三处完全接触，尽量保证三个支点在同一个平面。正确调整卡具夹紧臂的长度，左右沟槽位置一致，使其卡在轮胎外侧第一道沟槽中后，卡具安装臂应尽量成为一条直线（图9-27）。

- 最后将挂钩挂在辐条上，防止卡具跌落。

图 9-26   大剪低位落锁

图 9-27   卡具安装

（3）安装各车轮传感器。

- 四个车轮分别配四个传感器，各传感器上有编号，不能互换。每个传感器内部都有一个 ID 码，每个 ID 码都对应一个车轮，传感器错乱后，会导致四轮定位主机对检测车轮的识别错误（图9-28）。

图 9-28   传感器安装

- 在安装传感器时，要尽量使安装轴与卡具安装孔同心，轻推到位，尽量减少安装轴与孔的摩擦，同时避免两者撞击。

- 传感器安装到位后，轻轻拧紧卡具上的传感器固定螺栓，防止传感器意外滑落（图9-29）。

- 启动传感器（图9-30）。按"R"键，同时观察电源指示灯，应闪烁。

- 放置后车轮挡块。这样车辆在母剪上的位置就被定位了，车辆再次举升和回落，不会引起停放位置的变化。

- 释放手制动，并将变速杆置于空挡。这样四个车轮都可以自由转动。为进行偏位补偿做准备。

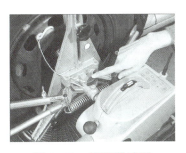

图 9-29   锁紧传感器

图 9-30   启动传感器

（4）轮毂偏位补偿。

① 子母剪切换,用子剪将汽车二次举升(图9-31),使车轮悬空 10 mm。

图9-31　车辆二次举升

② 操作电脑进入偏位补偿界面(图9-32)。

轮毂偏位补偿方法。

● 车轮的位置与屏幕上显示的相同,在卡具的初始位置(即 12 点方位)按下补偿键,偏位补偿指示灯开始闪烁,此时应保证车轮和传感器的稳定,不要出现转动,否则会影响测量。每次待指示灯熄灭后,按汽车前进方向转动车轮四分之一圈后再做一次偏位补偿。旋转三次后所有绿色块变成红色,最后将车轮再旋转 90° 回到初始位置,按下补偿计算键。

● 每次按下补偿键时传感器的水平气泡应尽可能保持水平。

● 对于驱动车轮,如果两车轮同时旋转会由于差速器原因而相互干扰。所以在一侧补偿时,另外一侧有人扶住车轮使其不转。待一侧完成偏位补偿后,再用相同的方法完成另外一侧。

● 最后将两侧车轮都回到初始位置后再按下计算键完成补偿值计算。

● 偏位补偿完成后,电脑界面会出现每个车轮的偏位补偿值(图9-33),该值不应超过 30′,否则说明轮辋或卡具变形,也可能是卡具安装不到位。

图9-32　偏位补偿界面

图9-33　偏位补偿结果

（5）车辆落回，进行定位检测。

① 拔掉转角盘和后滑板的锁销,将车辆重新降回大剪低位落锁位(图9-34)。

② 再次确认车轮前后轮都在转角盘和后滑板的中间位置。

图9-34　大剪低位落锁

③ 选挡杆置于 P 位,拉紧手制动。

④ 起动发动机后安装刹车锁(图9-35),最后移开后轮挡块,但不要拿掉挡块。

⑤ 前后按动车辆数次,使减振器完全复位。

图9-35　安装刹车锁

⑥ 按 F3 键进入调整前检测步骤,屏幕上会出现正前打直提示图案(图9-36)。轻微转动方向盘,使箭头对准在绿色区域内,并保持位置不变数秒。在绿色区域内,表示可以接受的范围。如果需要按照屏幕提示调节传感器水平(图9-37)。

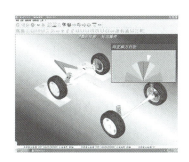

图9-36　正前打直界面

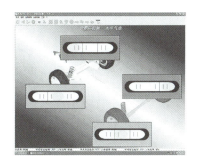

图9-37　传感器调水平

⑦ 根据电脑提示进行左转 20°和右转 20°的操作,同样也应尽量将箭头对准中线数秒(图9-38)。

● 主销参数、转向负前束和车轮与主销夹角20°测量(包容角)都是在这个位置测得。

● 在转向操作中,要避免推动和晃动车身,以防转角盘滑动和车身偏斜,引起测量误差。

图 9-38　左右 20°转向

⑧ 根据电脑提示——等值前束位置,转动方向盘再使箭头对准绿色区域的中间位置数秒(图9-39)。

⑨ 当屏幕显示前轮前束值时,按"前进图标",屏幕显示检测报告。

图 9-39　等值单独前束

4. 处理由前轮定位失准引起的跑偏

(1)利用四轮定位仪对车辆进行四轮定位检测。

(2)当做完四轮定位检测,出现检测报告界面后,若发现有定位参数不合格,点击菜单栏上的调整图标➡,程序自动进入调整界面(图9-40)。

● 程序首先引导维修人员调整后轴参数,界面首先显示"正前打直位置"。

● 若发现箭头不在绿色区域,轻微调整方向盘。

图 9-40　定位调整界面

● 调整完毕后,进入后轮定位参数调整界面(图9-41)。举升车轮至合适高度,为调整做准备。

● 后轮调整界面,若有不合格参数,调整至绿色区域即可。

● 当后轮调整完成后,按 F3 进入前轮调整界面。

图 9-41　后轮调整界面

（3）前轮调整。

- 在前轮调整界面（图9-42）下转动方向盘至水平位置,安装方向盘锁（图9-43）。

- 前轮调整完成后,仪器会自动引导进入调整后检测。

- 将举升机重新落回"大剪低位落锁位",进行调整后检测。

图 9-42　前轮调整界面

图 9-43　安装方向盘锁

（4）调整不合格前束。

非独立前悬架前束的调整:

- 传统非独立悬架在转向节下部连接有转向节臂,转向节臂和横拉杆共同组成了转向梯形机构（图9-44）。

- 通过改变横拉杆的长度,可以使转向节绕主销转动,继而改变前束值。

- 转向横拉杆由横拉杆体和旋装在两端的球头组成,横拉杆体两端的螺纹一为左旋,一为右旋。因此在旋转横拉杆体时,可改变其长度（图9-45）。

- 这种结构的悬架只有一根横拉杆,可以等值改变两前轮的前束值,是一种调整总前束的方法。

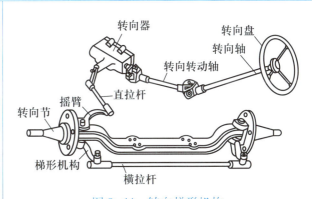

图 9-44　转向梯形机构

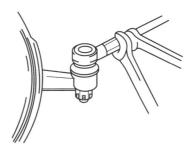

图 9-45　调整总前束

独立前悬架前束的调整：

● 独立悬架前桥的前束调整也是通过转向横拉杆实现的。

● 装配独立悬架前桥的横拉杆(图9-46)通常有两根，可以单独调整一个车轮的前束角(图9-47)。

● 横拉杆和转向器制成一体，带有防尘套，因此在调整前束时应先取下防尘套卡箍。如果不取下卡箍，直接转动横拉杆，容易导致防尘套扭曲、开裂。

● 在调整前束后，要注意检查左、右横拉杆长度差，其差值尽量不要超过1.5 mm，否则容易破坏转向梯形机构的配合，使转向操纵性能受到影响。

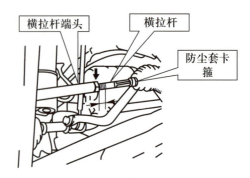

图9-46　独立悬架前桥横拉杆

图9-47　独立悬架前束调整

任务工单

车辆行驶跑偏故障的诊断与处理工作单

班级：_____　姓名：_____

序号	作业项目内容	作业标准记录	作业维修记录
1	记录车辆型号、生产年代和VIN码	型号_____ VIN_____ 年代_____	
2	车辆悬架	前悬:独立式□　非独立悬架□ 　　　麦弗逊式□　双叉臂式□　多连杆式□ 外倾:可调□　不可调□	
		后悬:钢板非独立悬架□　螺旋弹簧非独立式□ 　　　独立式□ 前束:可调□　不可调□	

续表

序号	作业项目内容	作业标准记录	作业维修记录
3	记录轮胎型号和标准胎压	轮胎型号_____ 空载标准胎压_____kPa	
4	用胎压表检查四个车轮的轮胎气压。	左前轮_____kPa　　右前轮_____kPa 左后轮_____kPa　　右后轮_____kPa	将四轮胎压调整至标准胎压□
5	检查四轮轮胎型号是否标准/是否一致	四轮型号标准且一致　　□ 轮胎型号不合标准:左前轮□　　左后轮□ 　　　　　　　　　　　右前轮□　　右后轮□	四轮型号调整一致且符合标准□
6	检查同轴轮胎花纹一致	前轴轮胎花纹:不一致□　　一致□ 后轴轮胎花纹:不一致□　　一致□	前/后轴轮胎调整一致□
7	车身高度测量	量具选择:钢卷尺□　　车身高度尺□ 左前_____mm　　右前_____mm 左后____　____mm　　右后_____mm 前部偏差_____mm　　后部偏差_____mm 前部车身高度偏差≤10 mm 符合□　　不符合□ 后部车身高度偏差≤10 mm 符合□　　不符合□	更换前悬架□ 更换后悬架□
8	制动拖滞检查	制动拖滞:左前轮□　　左后轮□　　右前轮□　　右后轮□ 四轮制动无拖滞□	维修制动器□
9	轮毂轴承紧度检查	轴承紧度过大:左前轮□　　左后轮□　　右前轮□右后轮□ 四轮轴承紧度合适□	更换轴承□ 调整轴承紧度□
10	车辆路试检查汽车侧滑检查	向左跑偏□　　向右跑偏□　　无跑偏□ 向左侧滑量_____m　　向右侧滑量_____m	

序号	作业项目内容	作业标准记录	作业维修记录
11	四轮定位检测	左前轮前束_____　　右前轮前束_____　　偏差_____ 左前轮外倾_____　　右前轮外倾_____　　偏差_____ 标准:参数应该在规范值内,且偏差<45′	调整前束□ 调整外倾□ 更换前悬架□
12	前束调整	松开防尘套卡箍□　横拉杆锁紧力矩_____N·m 调整后:左前轮前束_____　　右前轮前束_____	前束调整合格□
13	作业质量验收	跑偏消失□　跑偏依旧□	行驶系统正常□ 车身/车架变形□

任务 2　车辆直线行驶方向盘不正故障的诊断与处理

任务描述

一辆新车下线进行路试,发现车辆直线行驶时方向盘有一个偏转角度,打正方向盘后感觉车身有些歪斜。

任务目标

会排除直线行驶方向盘不正的故障,或找到引起方向盘不正故障的问题部件。

完成任务的关键知识

方向盘不正:指在直线行驶中,方向盘上有一个偏差角度的现象。即使手离开方向盘,车辆也可以保持直线行驶状态。如果驾驶员纠正方向盘的话,车辆行驶会偏离。

导致汽车直线行驶方向盘不正的原因如下:

（1）汽车推力线歪斜,推力角>0.1°。

① 推力线:两后轮中心线的延长线在车辆前部相交形成一个夹角,该角的平分线与后轴相交形成的一条直线,称为推力线——几何轴线。即:后轮总前束角的平分线(图9-48)。

② 推进角:车辆中心对称线与推力线的夹角,其大小为左右后轮单独前束差值的一半。通常定义当推力线位于车辆中心对称线的左边时为正(图9-48)。

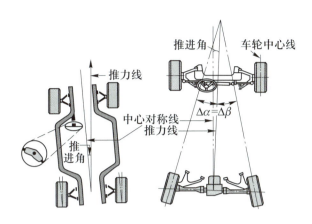

图 9-48　推力线与推进角

③ 推力线的作用。推力线是车辆在路上直线行驶时的实际方向。如果推力线与车辆中心对称线不重合,驾驶员必须转向以使车辆直线行驶,这将导致车辆直线行驶方向盘不正的故障现象出现。例如:推力线偏向中心对称线右边,车辆直行时车身向左歪斜,驾驶员必须向右转动方向盘,以修正行驶方向,这显然另驾驶员倍感难受。

（2）后桥由于装配的原因,出现歪斜。在四轮定位参数中用退缩角（车轴偏角）来定义,该角度不得超过 1°。当后轴歪斜后,会导致推力线与车辆中心对称线不重合,推力角过大,引起车辆直线行驶方向盘不正（图 9-49）。

（3）方向盘安装不正确。通常方向盘安装时要求转向器处于中间位置,转向轴和方向机小齿轮轴记号对正（图 9-50）,方向盘和转向轴的装配记号要对正（图 9-51）。

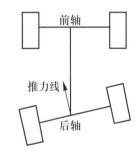

图 9-49　后桥歪斜引起跑偏

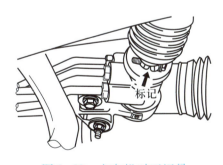

图 9-50　方向机对正记号

图 9-51　方向盘对正记号

完成任务的技能与流程

处理由推力角过大和后轴歪斜引起故障的流程如下:

（1）对车辆进行四轮定位检测。

（2）对于后桥采用独立悬架的车辆。若发现后轮前束失准，推力角过大，则调整后轮前束。

- 松开 2 号悬架臂上的两个锁紧螺母（图 9-52）。

- 转动调整管，调整后轮前束，直到"变绿"合格（图 9-53）。

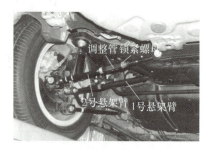

图 9-52　后桥独立悬挂

（3）对于后桥采用非独立悬架的车辆。若发现后轮前束失准，推力角过大，则检查后桥安装或更换轴头。

对于钢板弹簧非独立后桥可做如下检查。

- 检查钢板弹簧销衬套有无破裂。

- 检查 U 形螺栓拧紧力矩是否合格、U 形螺栓外露长度是否合格和 U 形螺栓外露长度偏差是否合格（图 9-54）。

标准：通常 U 形螺栓外露长度15～20 mm，偏差<5 mm。

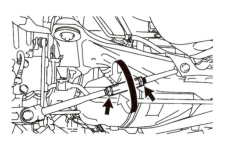

图 9-53　后轮前束调整

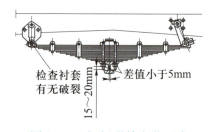

图 9-54　钢板弹簧安装要求

对于轿车用螺旋弹簧非独立悬架可做如下检查（图 9-55）。

- 检查后桥与车身连接螺栓拧紧力矩是否合格，橡胶衬套是否破裂。

- 若后桥安装合格，衬套良好则更换后桥轮毂。

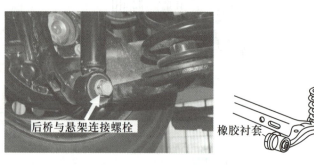

图 9-55　后桥紧固与衬套检查

续表

① 顶起车辆,拆下车轮和制动鼓。

② 将制动底板孔塞拆下,使用粗钢丝支撑制动底板(图9-56)。

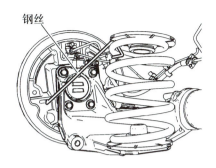

图 9-56　支撑制动底板

(4) 拆卸轮毂与后桥的连接螺栓1(图9-57)。

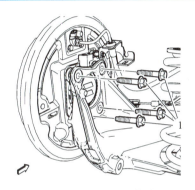

图 9-57　拆卸轮毂螺栓 1

(5) 取下后桥轮毂,更换(图9-58)。

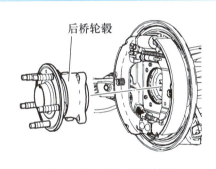

图 9-58　更换后桥轮毂

任务工单

车辆直线行驶方向盘不正故障的诊断与处理工作单

班级:_____　　姓名:_____

序号	作业项目内容	作业标准记录	作业维修记录
1	记录车辆型号、生产年代和 VIN 码	型号_____ VIN _____ 年代_____	

续表

序号	作业项目内容	作业标准记录	作业维修记录
2	车辆悬架	前悬:独立式□　　非独立悬架□ 　　　麦弗逊式□　双叉臂式□　多连杆式□ 外倾:可调□　不可调□ 后悬:钢板非独立悬架□　螺旋弹簧非独立式□ 　　　独立式□ 前束:可调□　不可调□	
3	车辆路试检查	车辆直线行驶方向盘:歪斜□　水平□	直线行驶方向盘不正□
4	四轮定位检查	后轴前束:左轮_____。　合格□　不合格□ 　　　　　右轮_____。　合格□　不合格□ 　　　　　推力角_____。　合格□　不合格□ 标准:推力角≤0.1°	推力角过大,调整后轮前束□ 推力角不可调,检查后桥安装□
5	调整后轮前束	左轮_____。　右轮_____。　合格□　不合格□ 推力角_____。　合格□　不合格□ 注:对后桥采用独立悬架车辆	
6	检查和调整后桥安装	钢板弹簧销衬套:破裂□　完好□ 按规定力矩复紧 U 形螺栓□ 测量 U 形螺栓外露长度:合格□　不合格□ 复紧半独立后桥与车身连接螺栓□	后桥安装正常,更换轴头□
7	更换后桥轮毂总成	更换左轮轮毂□　更换右轮轮毂□	
8	检查方向盘安装	方向盘装配记号:对正□　没对正□ 方向机装配记号:对正□　没对正□	重新装配方向盘□ 重新装配方向机□
9	作业质量验收	四轮定位参数均在规定值□ 前后桥零部件安装到位□ 方向盘不正消失□　方向盘不正依旧□	行驶系统正常□ 车身/车架变形□

项目十

新车交付前的检验

项目概述

　　库存新车发往用户前做最后检验,以保证车辆处于最佳状态,没有安全隐患,用户在提车后即可驾驶。试车员要对该车的灯光、仪表、转向、制动、油液等项目做最后的检查,杜绝车辆停放中的意外情况,保证出厂产品质量。

项目目标

　　掌握灯光、仪表、转向、制动、油液等项目的检查方法。

项目教学资源

　　教学整车 2 辆(丰田卡罗拉 2011 款 1.6AT)

完成项目的技能与流程

1. 发动机起动检查

（1）蓄电池电压测量(图 10-1)。

- 万用表检查蓄电池电压,应高于 12 V。
- 若电压过低,应对蓄电池进行充电。

图 10-1　蓄电池电压测量

（2）机油的检查（图 10-2）。

● 目视检查机油标尺油位刻线是否在上线与下线之间。

注意：若油位过低，检查放油螺栓是否拧紧（图 10-3）。

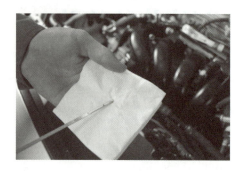

图 10-2　机油的检查

放油螺栓

图 10-3　检查放油螺栓

（3）冷却液的检查（图 10-4）。

● 目视检查冷却液液位是否处于 FULL—LOW 之间，否则添加。

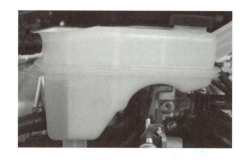

图 10-4　冷却液的检查

（4）起动发动机，检查是否正常运转。

（5）检查故障代码（图 10-5）。

● 使用 KT300 诊断仪，进入发动机电控系统、ABS 电控系统和自动变速器电控系统和车身电控系统，检查有无故障代码。

● 若有故障代码，车辆不能出厂。

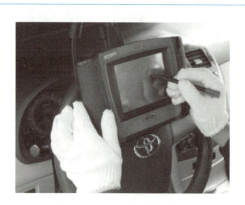

图 10-5　检查故障代码

2. 灯光及仪表的检查

（1）示宽灯的检查。

• 打开车辆示宽灯开关,检查前部小灯（图10-6）。

• 后部尾灯及牌照灯、仪表灯和仪表背景灯是否点亮(图10-7)。

图 10-6　检查前部小灯

图 10-7　检查后尾灯

（2）大灯的检查。

• 打开近光灯开关,检查近光灯是否点亮(图10-8)。

• 打开远光灯开关,检查远光灯及远光指示灯是否点亮(图10-9)。

注意:开启大灯时,需要起动发动机,防止蓄电池电量耗尽。

图 10-8　检查近光灯

图 10-9　检查远光灯

（3）前、后雾灯的检查。

● 打开前雾灯开关,检查前雾灯及前雾指示灯是否点亮(图 10-10)。

● 打开后雾灯开关,检查后雾灯及后雾指示灯是否点亮(图 10-11)。

图 10-10　检查前雾灯

图 10-11　检查后雾灯

（4）危险警告灯的检查(图 10-12)。

● 打开危险警告灯开关,检查危险警告灯及指示灯是否点亮闪烁。

图 10-12　检查危险警告灯

（5）转向信号灯检查(图 10-13)。

● 点火开关 ON,打开左转向灯和右转向灯,检查转向信号灯及指示灯是否闪烁。

图 10-13　检查转向信号灯

续表

（6）制动灯的检查（图10-14）。

● 使用制动锁,检查制动灯（含高位制动灯）是否点亮。

图10-14　检查制动灯

（7）倒车灯检查（图10-15）。

● 点火开关ON（不起动发动机）,踩下制动踏板（离合器踏板）,挂入R挡,检查倒车灯及仪表挡位指示是否正常。

图10-15　检查倒车灯

（8）仪表警告灯的检查。

● 将点火开关置于ON挡后,检查EPS电动转向系统警告灯、ABS警告灯、SRS安全气囊警告灯是否都点亮,随后熄灭（图10-16）。

注意:发动机不起动时,EPS、ABS、SRS系统自检后熄灭正常,若未熄灭,则表示有故障;发动机起动后,所有警告灯均熄灭为正常。

(a)

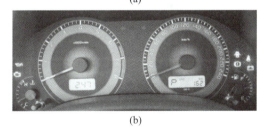

(b)

图10-16　检查仪表警告灯

3. 制动系统检查

（1）制动液的检查（图10-17）。

● 目视检查制动液液位是否处于MAX—MIN之间。

注意:若液位偏少,则补充。

图10-17　检查制动液

（2）制动踏板的检查（图10-18）。

• 多次踩踏制动踏板,检查是否存在松动、噪声、不回位现象。

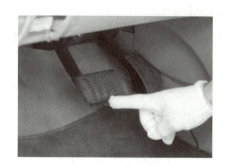

图10-18　检查制动踏板

（3）制动踏板自由行程的检查（图10-19）。

• 发动机熄火后,至少踩踏制动踏板40次,解除真空助力。

标准值:1~6 mm。

图10-19　检查制动踏板自由行程

（4）真空助力器工作性能检查（图10-20）。

• 踩住制动踏板,起动发动机,感觉踏板应有明显下沉为正常。

注意:若踏板没有下沉,则真空助力器存在故障。

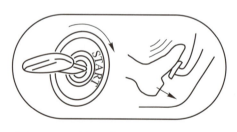

图10-20　检查真空助力器工作性能

（5）真空助力器密封性检查（图10-21）。

• 起动发动机后,关闭发动机,连续多次踩下制动踏板,踏板应逐渐升高变硬。

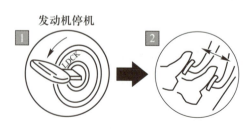

图10-21　检查真空助力器密封性

4. 转向系统检查

（1）转向助力油的检查（图10-22）。

● 目视检查转向助力油液位是否处于MAX—MIN之间。不足应补充。

图10-22　检查转向助力油

（2）方向盘松动的检查（图10-23）。

● 将方向盘处于正常、倾斜不同位置并锁止，检查是否有过度松旷。

注意：方向盘在任何位置都要求能够完全锁止。

图10-23　检查方向盘是否松动

（3）方向盘的自由行程检查（图10-24）。

● 不起动发动机，测量方向盘自由行程。

标准值：小于30 mm

图10-24　检查方向盘自由行程

（4）起动发动机，汽车原地转向，感觉转向操作阻力是否异常。

5. 胎压、备胎和随车工具检查

（1）轮胎气压的检查（图10-25）。

● 找到新车气压标识，按照标准调整轮胎压力。

标准：2.0~2.3 bar。

图10-25　检查轮胎气压

续表

（2）备胎检查（图10-26）。 ● 打开行李箱，检查备胎安放状况。	 图10-26　检查备胎
（3）随车工具的检查（图10-27）。 ● 检查随车工具是否齐全。 注：包括两个牵引钩、1个千斤顶、1个轮胎套筒扳手、1个三角警示牌。	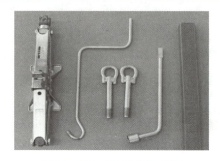 图10-27　检查随车工具

注：以上项目除各油液可补充、胎压可调整和随车工具可补齐外，其余项目发现问题后返厂。

任务工单

新车交付前的检验工作单

班级：_____　　姓名：_____

序号	作业项目内容	作业标准记录	作业维修记录
1	蓄电池电压检查	_____V　标准：12 V	补充充电□
2	发动机舱油液检查	机油液位　正常□　不足□ 冷却液液位　正常□　不足□ 制动液液位　正常□　不足□ 转向助力油　正常□　不足□	补充油液□ 复紧油底壳螺栓□
3	检查故障代码	发动机怠速运转稳定□ 发动机□　ABS□　AT□　车身系统□ 存在故障码	返厂□
4	示宽灯检查	前部小灯　正常□　故障□ 后部尾灯　正常□　故障□	

续表

序号	作业项目内容	作业标准记录	作业维修记录
5	大灯检查	近光灯　正常□　故障□ 远光灯　正常□　故障□ 远光灯　正常□　故障□	返厂□
6	雾灯检查	前雾灯　正常□　故障□ 后雾灯　正常□　故障□	返厂□
7	危险警告灯的检查	危险警告灯　正常□　故障□	返厂□
8	转向信号灯的检查	左转向信号灯　正常□　故障□ 右转向信号灯　正常□　故障□	返厂□
9	制动灯的检查	制动灯　正常□　故障□	返厂□
10	倒车灯的检查	倒车灯　正常□　故障□	返厂□
11	仪表警告灯的检查	点火开关 ON 挡后,以下是否自检后熄灭。 EPS 灯　□　ABS 灯　□　SRS 灯　□ 起动后,是否全部熄灭。正常□　故障□	返厂□
12	方向盘的检查	方向盘松旷　有□　无□ 方向盘自由行程_____ mm 正常□　异常□ 助力感觉:正常□　异常□	返厂□
13	制动踏板的检查	踏板松旷、噪声、回位　正常□　故障□ 制动踏板自由行程_____ mm　正常□ 异常□	返厂□
14	真空助力器检查	工作性能　正常□　故障□ 密封性能　正常□　故障□	
15	轮胎气压的检查	前轮气压_____ bar 后轮气压_____ bar	调整气压□
16	备胎检查	备胎状态　正常□　缺失□	补充□
17	随车工具检查	是否齐全　正常□　缺失□	补充□

郑重声明

高等教育出版社依法对本书享有专有出版权。任何未经许可的复制、销售行为均违反《中华人民共和国著作权法》，其行为人将承担相应的民事责任和行政责任；构成犯罪的，将被依法追究刑事责任。为了维护市场秩序，保护读者的合法权益，避免读者误用盗版书造成不良后果，我社将配合行政执法部门和司法机关对违法犯罪的单位和个人进行严厉打击。社会各界人士如发现上述侵权行为，希望及时举报，本社将奖励举报有功人员。

反盗版举报电话 （010）58581999 58582371 58582488

反盗版举报传真 （010）82086060

反盗版举报邮箱 dd@hep.com.cn

通信地址 北京市西城区德外大街4号 高等教育出版社法律事务与
版权管理部

邮政编码 100120

防伪查询说明

用户购书后刮开封底防伪涂层，利用手机微信等软件扫描二维码，会跳转至防伪查询网页，获得所购图书详细信息。也可将防伪二维码下的20位密码按从左到右、从上到下的顺序发送短信至106695881280，免费查询所购图书真伪。

反盗版短信举报

编辑短信"JB，图书名称，出版社，购买地点"发送至10669588128

防伪客服电话

（010）58582300

学习卡账号使用说明

一、注册 / 登录

访问 http://abook.hep.com.cn/sve，点击"注册"，在注册页面输入用户名、密码及常用的邮箱进行注册。已注册的用户直接输入用户名和密码登录即可进入"我的课程"页面。

二、课程绑定

点击"我的课程"页面右上方"绑定课程"，正确输入教材封底防伪标签上的20位密码，点击"确定"完成课程绑定。

三、访问课程

在"正在学习"列表中选择已绑定的课程，点击"进入课程"即可浏览或下载与本书配套的课程资源。刚绑定的课程请在"申请学习"列表中选择相应课程并点击"进入课程"。

如有账号问题，请发邮件至：4a_admin_zz@pub.hep.cn。